陽光家族 角色介紹

王子
來自TWR-03星球的「島之星」王子，好奇心旺盛，甚麼都想知。這次來到地球遊學，因緣巧合在「陽光小學」結識了一班好朋友，成為陽光家族一分子。

葉趣趣
王子的同伴兼寵物，智慧種子一顆，品種未明，據說當吸收足夠知識之後，種子會蛻變成新生命。平日滿腦子鬼主意，喜歡捉弄人，心地其實很善良。

章卜卜
姓章名卜卜，洋名Book，自小愛閱讀，終日書不離手，尤其熱愛中國文化，通曉各種語文冷知識。

寶珠公主
王子的表妹，愛打扮和認識新事物，偶爾有點公主病。

花碌碌
公主的智慧種子兼管家，個性溫和，喜歡大自然，處處維護公主。

莎因斯
洋名Science，擁有一顆科學頭腦，愛好冒險，夢想是成為像愛因斯坦一樣有趣的科學家。

曲家里
洋名Cookery，愛吃更愛煮，課餘沉迷鑽研各種料理的烹調秘技，是陽光小學有名的小廚神兼美食博主。

手工小作
洋名Handwork，最喜歡動手做各種創意手作，經常上網和其他手工創客交流心得和分享作品。

本書內容重點

科學常識主題

全書共25個科學常識主題，內容涵蓋五大類別：生活應用、人體奧秘、地球科學、食品科學、看不見的微生物。選材貼近生活，從身邊事物激發好奇心，培養自學力。

陽光劇場

每篇設有「陽光劇場」漫畫引入科學主題，以活潑方式，深入淺出講解相關的科學知識及原理。

知識站

以科學主題連結100個科學知識，1分鐘掌握知識重點。選材着重基礎科學知識的日常應用，實用與趣味兼備。

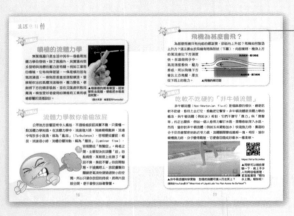

小遊戲

每篇主題設有兩個小遊戲，涵蓋趣味迷宮、邏輯推理、益智桌遊等不同形式、趣味學習，動腦又動手。

目 錄

第一章 生活應用

第二章　人體奧秘

第三章　地球科學

第四章　食品科學

第五章 看不見的微生物

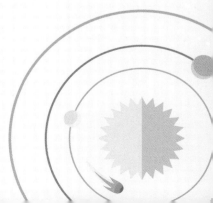

第一章

生活應用

第一章 生活應用

目　次

無葉風扇
藏起來的機關

　　大家有見過無葉風扇嗎？這種風扇只有一個大圓洞，看不見扇葉，卻能產生源源不絕的涼風，到底風從何來？原來這種風扇並非「無葉」，只是把扇葉藏在了看不見的地方。

陽光劇場：
無葉風扇的原理

莎因斯

章卜卜

王子

1 無葉風扇表面看似沒有扇葉，其實機器底部有摩打和扇葉。

機器底部有很多微小的孔洞，能吸進空氣。

2 氣流從機器底部吸入，經過管道流到上方。

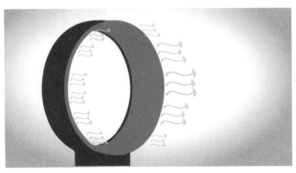

3 氣流經過風扇邊緣的罅隙流出，形成高速氣流。

無葉風扇雖然看不見扇葉，卻能製造風力，這除了依靠隱藏的扇葉結構外，還利用了流體力學，讓這個機器來帶動氣流，產生風力。

④　基於流體力學原理，空氣會從高壓力的地方跑到低壓力的地方。

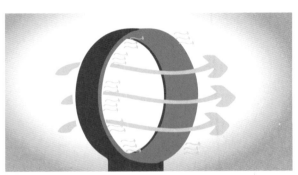

⑤　而罅隙流出的高速氣流會形成低壓，帶動更多的氣流，讓大量空氣從風扇圓環經過。

⑥　帶動的風力比你想像中強勁：風扇製造的氣流，是機器底部吸入的空氣十多倍。

知識站

噴槍的流體力學

無葉風扇只是生活中其中一個善用流體力學的發明。除了風扇外，其實還有很多發明與流體的壓力差有關。例如工業用的噴槍，它有兩條管道，一條是橫的並有氣流通過，一條則是垂直並接駁噴漆。當橫管吹出的氣體流速極快，壓力變低，便能將下方的噴漆吸起，並在交匯處吹散成霧滴。模型愛好者使用的噴槍和工業用噴槍都屬於這種設計。

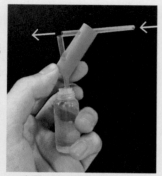

▲噴霧器的簡易模型，經飲管吹出氣體，便能把水吸起並吹散。

（圖片來源：維基百科/Yonoodle）

知識站

流體力學教你偷偷放屁

公眾地方放響屁常令人尷尬，不過偷偷放屁其實不難，只要懂一點流體力學知識。在流體力學中，流速增大時，流綫模糊難辨，流場中有許多小漩渦，稱為「亂流」（Turbulence），容易變成響屁；相反，流速很小時，流體分層流動，稱為「層流」（Laminar flow），容易變成「無聲屁」。兩者之間，主要取決於該團「屁」的黏稠度，某程度上佐證了「響屁不臭，臭屁不響」的民間智慧。不過實際上，放屁響聲的關鍵是氣流快速通過狹小的空間，所以只要你放屁的時候，把兩片屁股分開，便不會發出絲毫聲響。

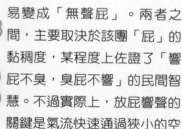

飛機為甚麼會飛？

為甚麼飛機只有向前的螺旋槳，卻能向上升起？飛機如何製造上升力？這主要由於飛機有特殊形狀（下圖），向前衝時，機身上方的氣流會比下方速度快。在這個例子中，氣流速度愈快，壓力愈低，所以飛機下方會比上方高壓，產生從下而上的推力。

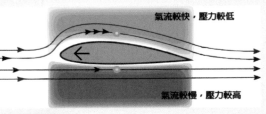

氣流較快，壓力較低

氣流較慢，壓力較高

▲飛機的橫切面

吃軟不吃硬的「非牛頓流體」

非牛頓流體（Non-Newtonian fluid）是個麻煩的傢伙，總是吃軟不吃硬，愈用力去打它，愈難把它擊穿。非牛頓流體是流體力學的概念，與牛頓流體（例如水）相對，它們不遵守「應力」與「應變率」的正比關係，例如一個人愈用力擊打水面，理應愈能深入水底。然而，當你對非牛頓流體（例如玉米澱粉加水）快速施力時，裏面的分子反而會緊密地貼近受力處，流體瞬間變成鐵板一塊。相反，當你緩慢施力時，分子變得鬆散，它便會回復成好像水一樣柔軟。

https://bit.ly/3UJw8bs

▲大家可以親自實驗一下，網上不少人利用這個原理，甚至能實現「輕功水上飄」絕技呢！

▲非牛頓流體科學實驗：怎樣的液體可讓人行走其上？

（翻拍自YouTube影片"What Kind of Liquid Lets You Run Across Its Surface?"）

誰享受到涼風？

試畫畫鬼腳沿直綫往下走，遇到橫綫時須沿着橫綫走到隔壁的直綫，看看誰能享受無葉風扇的涼風吧：

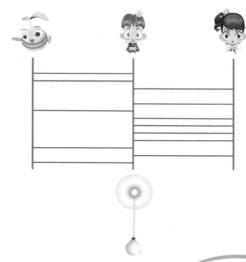

逃離無葉風扇

王子看到沒有扇葉的風扇，感到十分好奇，用外星科技縮小自己，闖進無葉風扇內部一探究竟，豈料在裏面迷路，請替他找出離開的路綫。

分秒無誤的時鐘

　　報時工具在任何時代都十分重要，遠古的人們利用日月星辰的運行來計算時間；到了十七世紀，鐘擺驅動的時鐘開始出現；人們到後來又發明出石英鐘、電子鐘等計時工具，使時間的計算愈趨準確。

19

陽光劇場：
計時的工具

意大利修道者

惠更斯

伽利略

1 古埃及人發現影子長度會隨時間改變，發明日晷在白天計時。

2 人們追求更準確的計時工具，水鐘、沙漏等工具開始出現。

我們要在社區建立鐘樓，敲響鐘聲，提醒人祈禱！

3 十三世紀，意大利北部的修道者開始建立鐘樓，目的是提醒人們禱告的時間。

在機械驅動的時鐘出現前，人們已經懂得用簡易的工具計時。隨着時代進步，機械鐘、電子鐘等產物才慢慢誕生。

4 物理學家伽利略偶然發現鐘擺有固定的頻率，可應用於計時，便設計了擺鐘的藍圖。

5 荷蘭科學家克里斯蒂安・惠更斯利用這原理，於 1656 年創造了第一個擺鐘。

6 現代常用的是石英鐘或電子鐘，計時愈趨準確。

知識站

穩定的動力與鐘擺原理

　　我們可如何準確測量時間？尋找穩定的動力對計時很重要，試想一個以水流為動力推動的計時器，如果水流時快時慢，計時怎會準確？又例如沙漏會堵塞；蠟燭會因風吹而加快燃燒；水鐘的水會因冬天結冰、夏天蒸發而不準確。四百多年前的物理學家伽利略發現，即使改變鐘擺的擺動幅度，把鐘擺推高一點，還是在較低的位置開始擺動，它每分鐘擺動的次數仍是一樣、完成一次往返的時間不變；伽利略便認定鐘擺可用於計時，設計出時鐘藍圖。1656年惠更斯利用此原理創造了第一個擺鐘。

知識站

手表的發條原理

有些舊式手表是通過發條來儲存能量，它們是如何運作的？

手表內有一條彈弓，通過扭動，讓彈弓儲存動力，彈弓上的榫位

▲發條彈弓

▲機械手表內的彈弓

便能逐格逐格釋放動力，推動齒輪。上鏈裝置儲存的動力只足夠讓手表維持運作一至兩日，耗盡後手表便會停止運作，因此須每天定時上鏈，為手表補充能量。

石英鐘的「石英」為甚麼可計時？

　　我們在商店裏買到的大多是石英鐘，石英是一種玻璃晶體，而它的晶體震動頻率是固定的，通過電池驅動石英震盪器震動，便可用於計時。

　　石英鐘可接上LED或液晶顯示屏，即使一些時鐘或手表有電子表版，也有機會是石英鐘。石英鐘背面通常會印上「quartz」字眼，以作區分。

▲石英是玻璃晶體

▲石英鐘

世上最準確的原子鐘

　　原子鐘是目前世上最準確的計時工具，大部分原子鐘由銫原子驅動，它的準確度可以讓它運行六百萬年誤差不大於一秒。你可能會好奇，這麼準確的鐘有實際用途嗎？事實上，原子鐘在GPS全球定位上十分重要，因為GPS其實須通過計算距離和時間來定位。

▲香港天文台的銫原子鐘

遊戲

可計時的物件

試圈出可以計時的物件：

日晷

水

蠟燭

書本

石頭

誰是遲到大王？

陽光小學每天早上 8 時開始上課，根據以下學生的回校時間，哪個才是終極遲到大王？

8:01am

Half past eight

八時正

七時三刻

A quarter to eight

單車的
力學奧妙

單車是一種最環保的代步工具，但如果要把單車操控得好，掌握箇中技術，便須熟知單車的力學原理。通過認識車體的結構、齒輪比例、轉向原理，才令人了解到踏單車原來不是一件簡單的事呢！

陽光劇場：
單車的發明

西夫拉克

卡爾·德萊斯

米肖父子

「單車之父」
尊·斯塔利

讓我來製造「單」邊的「車」吧！

1 單車的雛形是1791年法國人西夫拉克製造的，他斬掉一半的四輪馬車，但車沒有任何動力裝置。

加上了車把，就能控制方向。

2 1817年，德國人卡爾·德萊斯也製造了兩輪車，他在車上加了一個控制方向的車把，結構像現代沒有腳踏的平衡車。

這樣車子就能加速了！

3 1861年，法國的米肖父子，在前輪上安裝了能轉動的踏板。

一輛好的單車，必須有良好的車體結構、動力傳遞系統。單車發明初期，車體結構十分不完善，操作不良，還造成很多意外！經過後人的研究和改良，單車才變成今日的模樣，讓騎乘變得可行。

❹ 然而，當時的單車為求速度，前輪比成年人還要高，結構上十分危險。

❺ 1886 年，英國工程師尊・斯塔利參考機械學、運動學理論，大幅改良單車設計，讓單車變成與今日相近的模樣。

❻ 人們後來再改良單車設計，調整單車的避震器行程及變速等設定，衍生公路及越野等不同用途的單車。

知識站
單車懂得自己平衡？

假設一輛無人駕駛的單車滾落斜坡，那麼車會倒下還是繼續行駛？

答案：單車會繼續行駛。單車和摩托車的結構可以讓自身保持平衡，通過地面和車輪之間的作用力和反作用力，自動把車體扶正。當單車往左傾斜，車體會繼續往左前進之餘，還會讓車輪回到正中的位置，所以在斜坡滑行的單車能自己滑行，直至車體失去動力為止。

知識站
齒輪比與波段控制

懂得踏單車的你應該知道，在上斜坡時運用適當波段能讓騎乘變得輕鬆。單車的波段究竟是如何運作的呢？單車轉換波段，其實是通過改變頭尾齒輪比例達成的。腳踏的頭齒輪通過鏈條，連接尾齒輪，來完成傳動。如果頭尾齒輪大小一樣，腳踏一個圈，尾輪也會跟着轉一圈；但如果尾齒輪數目減少至一半，腳踏一個圈，就能帶動尾輪轉兩圈，雖然較費力，但能提升車速。簡單而言：前齒輪愈大，尾齒輪愈小，單車速度愈快。前齒輪愈小，尾齒輪愈大，騎乘愈省力。

後　前

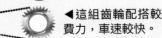

◀這組齒輪配搭較省力，車速較慢。

◀這組齒輪配搭較費力，車速較快。

逆掌舵的原理

當你踏單車時想轉左，你的直覺可能會告訴你應該把車把往左扭，其實這是錯誤的觀念！單車與四輪車不同，四輪車的車輪轉左，車子就會轉左；二輪車則是先通過轉動前輪，再讓車子「傾斜」，最後完成轉彎的動作。如果你想讓單車轉左，你應該施力把車輪扭向右，讓車體往左傾斜，此時地面會對單車施加向左的力，完成左轉，這種單車的力學原理稱為「逆掌舵」。

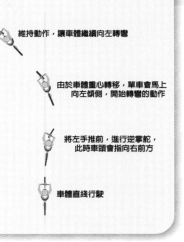

維持動作，讓車體繼續向左轉彎

由於車體重心轉移，單車會馬上向左傾側，開始轉彎的動作

將左手推前，進行逆掌舵，此時車頭會指向右前方

車體直線行駛

來吧倒轉賽道——單車場的傾斜角

大家認識香港著名單車運動員李慧詩嗎？她擅長的場地單車賽通常是在特別設計的單車場館進行，例如將軍澳單車館，裏面的賽道向內傾斜，角度為12°至42°，遠看好像一個飯碗一樣。傾斜賽道當然不是為了刁難運動員，其實是因為單車高速轉彎時，正進行物理學中的圓周運動（Circular motion）：單車行駛的速率愈高，產生的離心力愈大，情況就好像大家盪鞦韆時，那種隨時被拋出坐椅的感覺。而傾斜的賽道正正是為了消解單車轉彎時產生的離心力，防止運動員滑出賽道，造成意外。

▲單車運動員李慧詩

 遊戲

單車在哪裏？

試在馬路上選出單車:

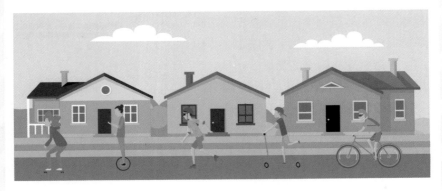

速率計算

曲家里在單車徑騎單車,他在晚上 7:07 開始,於晚上 7:18 到達終點。該單車徑全長 2.5 公里,曲家里的平均速率是每小時多少公里?(答案取至小數點後一個位)

我也要做小車神!

熱力再利用

美國麻省理工大學人員研發了新型「熱光伏（TPV）」電池，能把多餘熱力轉化為電力。熱能的應用其實是一種環保科技，熱力除了轉為電力使用外，也可以直接儲存起來，需要時供給城市使用。

陽光劇場：
從熱力獲取電力

莎因斯

王子

曲家里

① 麻省理工大學最近研發高效的「熱光伏」電池，這種半導體裝置能把熱能轉換成電力，效率高達41.1%。

它們與普通的發電方法有甚麼分別呢？

② 想一想：它們和我們傳統獲得電力的方法有甚麼分別？

這樣是把「動能」轉成「電能」的過程。

③ 獲取電力最簡單的方法是通過人力，攪動發電機，產生磁場，製造電流。

美國麻省理工大學團隊研發出新型 TPV，這種材質能把熱力直接轉換為電力，為未來能源科技帶來更多可能。獲取電力的過程牽涉能量轉換，除了熱力外，我們也可藉由其他能源獲取電力。

④ 也可以通過燒煤炭，製造蒸氣氣流代替人力，產生動力。

⑤ 太陽能發電板是另一種生產電力的方法，這是從光綫裏，獲取電能。

⑥ 「熱光伏」電池與太陽能板非常類似，不過一種是利用陽光，一種是利用熱力。

甚麼是熱力電池?

美國麻省理工大學與其合作團隊研發出新型的「熱光伏（TPV）」電池，裝置能把熱力轉換為電力。TPV這種半導體裝置其實早在1960年代發明，但當時的能量轉化效率只有大約2%至3%，在1980年代提升至約30%。這次研究團隊讓效率再次提升，能讓2,400°C發熱鎢絲所釋放的41.1%熱力轉化為電力。

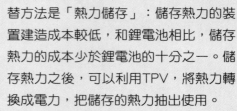

為了儲存能源，我們可能會想到使用電池，但電池不但造價昂貴，而且不適合長期保存能源。科學家想到的代替方法是「熱力儲存」：儲存熱力的裝置建造成本較低，和鋰電池相比，儲存熱力的成本少於鋰電池的十分之一。儲存熱力之後，可以利用TPV，將熱力轉換成電力，把儲存的熱力抽出使用。

儲存熱力的建築

熱力轉換可能會成為未來的趨勢。除了轉為電能，直接使用儲存的熱力也是一種已有的主流方法。一些北歐國家會在城市建設儲存熱力的裝置，在日間儲存熱力，夜間釋放，供給城市暖氣系統或食水加熱使用。熱力儲存塔裏面的物質有很高的比熱容（簡稱比熱），例如水、溶鹽，因此能有效保存熱力。

▲ 位於奧地利多瑙河畔克雷姆斯的熱力儲存塔，能量儲存量可達2 GWh。換算成電力，2GWh的能量足夠點亮一億個LED燈膽一小時。

水——儲存熱能好幫手

不同物質儲存熱能的效率有異，水是生活中最容易取得，而且儲存熱力效率優異的材料。液態水有很高的比熱容，高達4,200焦耳每千克開爾文（k）。比較同等容量的70℃的水和油，水儲存的熱能比油高接近兩倍。

誰偷走了能量？熱力學第一定律

熱力學第一定律「能量守恒」（law of conservation of energy）告訴我們，無論用甚麼方式轉換能量，世界的總能量都是維持不變的。前文提到「能量轉化效率」，即是輸入能量與輸出能量的比率，例如輸入了100 J能量，最後轉換輸出50 J能量，效率便是50%。一般燃煤機組生產電力的能源效率為32%至37%，而其中損失的能量當然不是被科學家據為己有，而是轉換過程因摩擦力或以聲能、熱能、動能等不同形式散失了。

遊戲

到森林撿柴枝

試穿越森林撿生火用的柴枝：

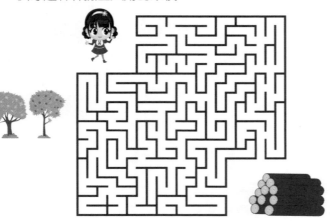

電力小偵探

客廳有不同電器，把電力轉換成各種能量形式輸出，試用不同顏色圈出所有電器。(1.黃色：光能 2.藍色：聲能 3.紅色：熱能 4.黑色：動能)

QR code存取
資訊小幫手

　　QR code 在我們的生活中無處不在，從日常購物、進入場地，到各類宣傳資訊，以至樹木介紹上，都會見到這些黑白小方框，我們只要用手機程式掃一掃，就可快速瀏覽相關資訊。為何這些黑白相間的圖案，可以讓人秒讀各種不同資訊？

陽光劇場：

QR code 辨析原理

QR code 發明者　　王子

早於 1994 年我們已經發明 QR code。

1 QR code 近年在生活中愈見普遍，其實它並不是新鮮事物，早於 1994 年由日本公司 DENSO WAVE 發明。

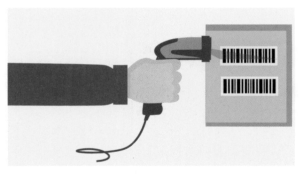

2 在 QR code 流行前，一維條碼（Barcode）較早應用於儲存貨品訊息、圖書管理等。Barcode 是二維碼的「家人」，運作原理相若。

3 Barcode 上的黑白綫條分別代表電腦語言的 0 和 1，經過編碼後，便會變成一串數字或字元訊息。

二維碼（QR code）已經和我們的生活密不可分，在瀏覽網站、領取貨品、又或電子支付中，如今都已頻繁在使用。可是這些密密麻麻的黑白點為甚麼能夠儲存訊息？電腦辨析 QR code 時到底運用了甚麼技術和原理？

④ QR code 原理是讓兩行條碼縱橫疊加，因此儲存的訊息量比 Barcode 更多。

⑤ QR code 上代表的可以是一串數字、字母，以及日文、漢字，通常記載一串網址或一段文字。

直接掃描 QR code 比人手輸入網址快得多了！

⑥ 例如王子用手機掃描 QR code，得出文字「www.xxxxxx.com」，智能手機便會自動打開網頁。

知識站

QR code 最多儲存多少資料？

　　QR code的全寫是Quick Response code，意思是指能快速解碼，獲取內容。通常尺寸愈大，儲存的資訊愈多。現時共有四十種尺寸版本，QR碼最大的資料容量可容納7,089字元的數字，或最多1,800字元的中文漢字。

177碼元

版本1　　　　　　　　版本2　　　　　　　　版本40

21碼元 > 25碼元 > ... >

21碼元　　　　　　　25碼元

177碼元

 知識站

QR code 有安全隱憂嗎？

　　現時QR code流動支付非常流行，只要簡單一掃就能付款。正因它們方便，很多人低估當中的網絡安全風險。由於QR code容易製作，網絡罪犯的其中一種犯罪手法，是通過入侵其他公司的網站，並在付款或輸入重要資料的欄位換上自己的QR code，盜取金錢或重要資料。由於QR code外觀相似，即使被惡意冒充也很難發現，難以防備。為了避免資料被盜或損失金錢，我們不應胡亂掃描來歷不明的QR code，而經常使用QR code付款的用家，應定時檢查自己的付款記錄，留意有沒有可疑的交易。

為甚麼 QR code 底部有圖案，
仍然可以讀取？

有一些QR code底部有色彩繽紛的圖畫，外觀看似不完整，為甚麼機器仍然能辨析這些QR code？

QR code其實具有容錯能力，製作有圖案的QR code時，只要不超過容錯範圍下，就可以插入圖像達到裝飾效果。根據容錯等級不同，在執行「容錯功能」的優劣上，QR code通常有7%至30%的容錯能力，所以即使QR code的表面有些少刮損，機器通常也能如常辨析。

▲只要保留定位標記，在中央加入其他圖案，機器仍可以辨析。

▶QR code可配合宣傳主題，適量加入設計感強的線條及圖樣。

■ 定位標記

■ 校正圖塊

▲在底部加入圖案也不會受干擾。

互相補足的 NFC 和 QR code

大家知道甚麼是NFC嗎？八達通使用的就是「近距離無綫通訊」（Near-field communication，NFC）的技術，原理是發射器發出無綫電波，觸發感應範圍內的標籤，以電磁感應產生電流，供應八達通的晶片運作並發出電磁波回應。NFC的功用實際上和QR code十分相似，兩者都是通過特定「標籤」交換訊息。相比之下，NFC需要綫圈、晶片收發電波，而生成QR code幾乎毋須成本，所以廣受大眾和商家歡迎。掃描QR code時會受環境光暗阻礙，此時，NFC技術正可以與QR code互相補足，方便大眾。

🎮 遊戲

QR code 星球生物找不同

王子即將造訪「QR code」星球，當地每隻生物都長得十分相似，王子起行前先接受「找不同」訓練（共六處），免得到埗後認錯對方國王，引發星際大戰。

搜尋複製生物

QR code 國王向王子發出最後挑戰，請大家助他一臂之力，從下圖中圈出兩隻相同的星球生物。

你知道嗎？SIM 卡其實是手機的「身分證」。

電話的身分證-SIM卡

　　SIM 卡其實是一張電話的「身分證」，電訊商須通過 SIM 卡來辨認使用者的身分，如果沒有 SIM 卡，電話就不能通話或上網了。隨着科技發展，電話的 SIM卡也愈來愈細小輕量，現時甚至已有不用插卡的虛擬 eSIM卡，可取代實體的 SIM 卡呢！

陽光劇場：

SIM 卡的功用

曲家里

莎因斯

王子

這張巨型 SIM 卡也是可以插進電話使用。

① 在上世紀九十年代，為了配合手機服務，SIM 卡應運而生，而最早期的 SIM 卡大小像信用卡一樣。

隨後手機市場有長逾十多年時間，都是使用這種尺寸較小的 SIM 卡。

② 這種巨型 SIM 卡在市面上沒有流通太久，mini-SIM 卡推出後就被取代了。

所以每張 SIM 卡都擁有獨一無二的電話號碼。

③ 我們需要向電訊商申請 SIM 卡，辨認手機的「身分」，才可以使用網絡服務。

SIM卡的全寫是Subscriber Identity Module，意思是「用戶的身分模組」，裏面儲存了用戶的資料、電話號碼等等。電話通過連接SIM卡，電訊商便可以辨認用戶身分，為手機提供網絡。

④ SIM卡服務需要收費，主要分為月費或儲值卡計畫。

如果手機不頻密使用，便可以選擇儲值卡，節省金錢。

⑤ 有了SIM卡，我們就可以打電話和使用流動數據，即是我們俗稱的「上網」。

手機也可以利用Wi-Fi功能，在沒有SIM卡的情況下上網。

⑥ 即使有了SIM卡，也要留意我們是否身處網絡覆蓋的地方，否則也不能使用SIM卡。

走到荒山野嶺就不能上網了！

💡 知識站

SIM 卡和 SD 卡有甚麼分別？

　　手機上使用的卡除了SIM卡之外，還包含SD卡，SIM卡用於識別身分和網絡資訊的傳遞，而SD的全名是Secure Digital Memory Card，是一種用作儲存資訊的記憶卡，可廣泛地在各種行動裝置上使用，不限於手機。SD卡有較高的資料傳送速度。在SD卡出現初期，市場上有着不同廠商推出的不同記憶卡制式，可謂五花八門，如今micro-SD卡已成為手機市場的主流。

▲標準SD卡：2000年推出，是SD卡的雛形。現時，相機、電腦等設備仍會使用。

▲mini-SD卡：SD卡的小型版本，當初推出是為了在手機使用。

▲micro-SD卡：尺寸近似一節尾指大小，是現時手機最主流的記憶卡。

💡 知識站

eSIM 是甚麼？

　　現時大部分手機設有卡槽，安裝實體SIM卡，但除了實體卡外，SIM卡還有虛擬eSIM卡呢！eSIM的英文是embedded-SIM，是新一代的SIM卡規格。eSIM又稱「嵌入式SIM卡」，意思是它在物理上仍是一張實體卡，但可直接嵌在手機電路板上，省去SIM卡卡槽空間，也能對應多組電訊商的網絡，因此又被稱為「虛擬SIM卡」。早在2015年，韓國的三星電子公司就在旗下的智能手表採用eSIM。蘋果公司在2018年開始，也陸續為旗下的新款行動裝置配置eSIM。

SIM 卡為何缺一角？

　　大家曾否好奇，為甚麼SIM卡總是缺一角呢？原來這個問題竟然和數學概率有點關係。缺掉的一角其實是為了方便用家辨認安裝SIM卡的正確方向，在產品設計上稱為「物理限制」，方便用家正確使用產品。試想像，一張長方形SIM卡，用家便有四種可能的放置方法（正反、左右），而當中只有一種能正確連接手機，成功概率是四分一。再想想，若有笨蛋把SIM卡設計成正方形，更加會出現八種可能性，恐怕用家剛換新手機，便會被這個有如賭運氣的工序氣死了。

安全陷阱——偽基站

　　SIM卡有如手機的身分證一樣重要，它應用全球流動通訊系統（Global System for Mobile Communications，GSM）的技術，讓網絡供應商認證我們的身分。然而，GSM只能「單向鑒權」，用家無法反過來認證網絡商的真偽。有不法分子針對這個缺陷，利用一種名為「偽基站」的非法無綫電通信裝置，在一定範圍內，截取用戶SIM卡手機資訊，使用戶暫時無法連接到公用電訊網絡，過程可持續十到二十秒，不法之徒便乘機強行對用戶發送垃圾訊息和詐騙短訊。

SIM 卡在哪兒？

試找出葉趣趣遺失的 Nano-SIM 卡（提示：尺寸最小）：

4G 還是 5G？

王子買了較舊款的 4G 手機，他將早前由 4G 升級至 5G 的 SIM 卡放進新買的手機內，到底王子能接收哪個行動通訊技術（4G 還是 5G）的信號呢？

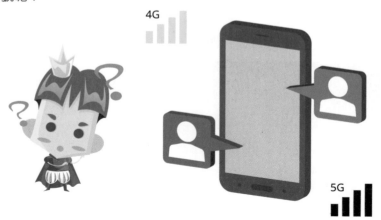

合成金屬 功能百變

　　疫情期間，本地大學研發出高銅含量的不鏽鋼，有望用於門柄等地方殺滅病毒，幫助防疫。大家可有想過金屬竟然有這麼大的用途嗎？原來通過合成金屬，就可以讓金屬有更多用途，提升防鏽、硬度等特性。

陽光劇場：
合金的發明

王子

莎因斯

鐵匠

英國發明家
貝塞麥

❶ 合金是多於一種金屬元素熔解再冷卻的混合物，通常用途比單一的金屬更廣泛。

❷ 鋼是現代工業中最常用的合金，但在發明大規模生產鋼的技術前，人們多使用熟鐵製作生活中金屬品，這些熟鐵須經人手鍛打製造。

❸ 十九世紀貝塞麥煉鋼法發明之後，人們就開始大規模、低成本地生產優質的鋼材。

日常生活中不少金屬產品都是用合金製成，通常較少直接使用金、銀、銅、鐵等純正的金屬元素，因為混合了其他金屬的合金有不少優點，例如可以增加金屬物的硬度、具有防鏽等特性令用途更加廣泛。

④　不鏽鋼，即是俗稱的「白鋼」，是鋼通過調整合金比例而成，比鋼更不容易生鏽。

⑤　不鏽鋼是統稱，現時約有一百八十多種合成鋼都可歸類為不鏽鋼，而且各自也有編號。

⑥　現在我們都把鋼（steel）和鐵（iron）合稱為「鋼鐵工業」，但是其實在化學分類上，它們是不同的產品。

可殺滅新冠病毒的高銅不鏽鋼

港大工程學院團隊於2021年11月在學術期刊《化學工程雜誌》上發表〈可抗擊新冠病毒的抗病原體不鏽鋼〉的研究報告，是全球第一種表面可殺滅新冠病毒的不鏽鋼，並計畫應用在製造電梯按鈕、門把手和扶手，降低公共衛生風險。不鏽鋼本身並無抗擊微生物的特性，早前研究顯示新冠病毒在不鏽鋼表面殘留長達三天，而不鏽鋼加入的銅離子可破壞細菌的DNA或RNA，讓細胞自然死亡。

▲表面能殺滅新冠病毒的不鏽鋼材，可製成電梯按鈕。

知識站

常見合金的種類有哪些？

除了抗擊病毒，合金在生活中還有很多用途，類型千變萬化：

· 青銅（Bronze） 3/4銅 1/4錫

青銅是最古老的合金，人們在六千年前已經用銅來製造堅硬的金屬器，在現代多用作製造銅像和欄杆。

· 鋼（Steel） 99%鐵 1%碳

鋼是日常生活中最常見的金屬，是鐵加少量碳煉成的合金，廣泛應用在建築工程、製作工具和車輛等。

· 不鏽鋼（Stainless Steel） 鐵 18%鉻 8%鎳

不鏽鋼由鐵、鉻、鎳組成，有防鏽的特性，用於製作廚具、手術儀器等。

· 鋁合金（Aluminium Alloy）主要為鋁，混合銅、鎂、錳、矽、鋅等

當初是為了飛機工程而發明，跟鋼相比，鋁合金更輕巧、更能抗腐蝕，但缺點是不及鋼堅硬。

合成金屬功能百變
變形金鋼——形狀記憶合金

你知道現實也有「變形金鋼」嗎？原來有一類金屬名為「形狀記憶合金」，扭曲變形之後，通過加熱、光照、通電等手段，它們便會回復成初始形狀，原理和合金晶體的結構改變有關。有一些形狀記憶合金在低溫時呈馬氏體晶體結構（Martensite）；高於特定溫度時，晶體會變回奧氏體晶體結構（Austenite），簡直好像有記憶的生物一樣。這種「百變金屬」用途廣泛，例如鎳鈦合金可製成眼鏡框，鏡框即使因為撞擊或不小心壓至變形，亦可以浸在熱水，形狀記憶合金便會自動回復成原來的眼鏡框。

明星金屬——鈦合金

你想去火星旅行嗎？近年航天科技發展一日千里，鈦合金（Titanium alloy）實在功不可沒。飛機或火箭升空，會因為摩擦生熱使機體表面溫度不斷升高，傳統的鋁合金已經無法滿足現代航天科技的需求。

而鈦合金獲稱為「最強金屬」，因其耐熱性強，可抵受500℃以上高溫，而且機械強度與鋼相近，密度卻比鐵低（鈦的密度是4.54g/cm^3，鐵的密度是7.9g/cm^3），因此廣泛應用於飛機、噴射機，甚至是太空衛星的主要結構。

誰是合金？

試從以下金屬中圈出合金：

玫瑰金

銀

白銅

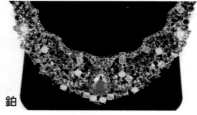

鉑

合金製品

試圈出以合金製作的物品：

熱氣球的
飛行科學

　　熱氣球是人類最早發明的飛行工具，至今仍是一種熱門的觀光方式。據資料顯示，全世界約有兩萬個熱氣球！每年在土耳其、緬甸、日本、瑞典、台灣等地，還會舉行盛大的熱氣球節呢！不過熱氣球要從地面升到空中可不是一件簡單的任務，來一起認識熱氣球背後的飛行原理吧！

陽光劇場：
熱氣球的操作

王子

莎因斯

章卜卜

① 熱氣球起飛前，要先躺放地上，操作燃燒器，加熱球皮內的空氣，讓熱氣球慢慢升起。

② 由於熱氣球沒有任何控制方向的裝置，因此熱氣球升起後，只是隨風飛行，並非真的被「駕駛」。

③ 熱氣球飛行員在起飛前，會先收集風向資訊，來了解當日不同高度的風向。

喜歡冒險的陽光家族也想參加熱氣球節，一嘗操作熱氣球飛行的滋味；原來要讓氣球成功升起並不容易，必須經過一番預備工夫，來一起認識操作熱氣球的方法吧！

4　熱氣球上有兩條繩索，拉繩可控制籐籃的角度，保持載人籐籃的平衡。

5　飛行員須經常檢查熱氣球燃料量。熱氣球通常有兩個爐，當其中一個爐無法運作，另一個爐也可持續燃燒，防範發生故障。

6　降落時，關上燃燒器，同時在熱氣球頂放氣，加快降落速度。

熱空氣的浮力原理

熱氣球利用了空氣的密度差異，讓熱氣球「浮」在空中。密度低的流體會浮於密度高的流體之上，空氣也一樣。熱氣球加熱時，球皮內的空氣粒子會加快移動並互相撞擊，一些空氣粒子會被排出球皮外，因此內部的密度就會變低。當熱氣球內熱空氣密度低於環境冷空氣密度，熱氣球便會升起。

甚麼是浮力？

流體給予一件物體垂直向上的力稱為「浮力」（Buoyancy），除了熱氣球上升的例子外，我們游水時站在水池中，總會感受到身體變輕了，好像突然長了一對翅膀一樣。這當然不是特異功能，而是水的浮力為你的身體提供了垂直向上的力，抵銷了部分重力。浮

力與體積和密度相關，身體排開的水愈多，獲得的浮力愈大，在人體體重不變的情況下，水平延展身體，比起縮成一團，能獲得更大的浮力，使泳手更容易升上水面呼吸。

知識站

熱氣球的最佳拍檔——氦氣

除了空氣外，熱氣球通常會採用氦氣（Helium）作為填充氣囊的氣體。氦氣是一種無色、無臭、無味、無毒的惰性氣體，一般情況下不會輕易發生化學反應，不但在標準氣壓下難以固化，而且它屬於不易燃的氣體，這些穩定的化學性質，使它在應用上的安全性較高，較低機率發生燃燒或爆炸等意外事故。另一方面，正如前文提到，密度低的流體會浮於密度高的流體之上，氦氣的密度比空氣更小，十分符合熱氣球的升空需求，令氦氣成為熱氣球飛行員的最佳拍檔。

知識站

觀察氣流控制升降

熱氣球不像飛機、滑翔機等載具，並沒有任何控制方向的裝置，純粹靠風向和垂直升降移動。那麼駕駛員如何控制熱氣球？熱氣球飛行員利用的是風向的資訊。在不同高度，風向和風速有所不同，駕駛員會觀察不同高度的氣流方向，控制熱氣球垂直升降，讓熱氣球「隨風」前行。因此熱氣球飛行通常沒有固定一個降落地點，而是視乎情況而定。

在北半球，熱氣球隨風飛行時通常會向右偏移，這是因為地球上的風都不是直綫吹的。地球是逆時針運轉，因為慣性原理，地球上的風也會受地轉偏向力影響。在北半球，風向會向右偏移；南半球則相反，稱為「科里奧利效應」。除了風外，我們也可通過水槽漩渦的方向、天氣圖上的熱帶氣旋方向觀察到這種效應。

▲ 通常熱氣球旅程會安排在清晨和傍晚，因為這些時段的氣流較穩定，控制熱氣球較容易。

空中的熱氣球

試在空中找出熱氣球：

熱氣球的道德難題

　　王子最近遇上一個十分複雜的道德難題，同學可以幫他想想答案嗎？

　　有一天，一個植物專家、一個原子彈專家和一個動物專家在一個熱氣球上。此時，熱氣球直綫下降，必須扔掉一個科學家，請問扔哪一個？

煙花的
七彩火光

　　我們在電視或網絡上也許會見過煙花的點燃，只要一點火，煙花便竄上空中，綻放出色彩繽紛的火花。然而，這與普通燃點火種相比，為甚麼有這麼大的分別？為甚麼煙花能製造這麼大量的火花？為甚麼燃燒煙花會產生七彩光芒？

陽光劇場：
煙花的科學

王子

莎因斯

曲家里

當藥引燒盡，煙花就會爆開。

火藥
藥引
升空用的助燃劑

1 煙花的基本原料包括火藥和藥引，藥引是煙花的計時器，控制煙花甚麼時間爆炸。

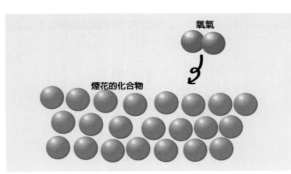

氧氣

煙花的化合物

2 火藥裏的原料在燃燒時會與氧氣結合，轉換成其他化合物並釋放能量。

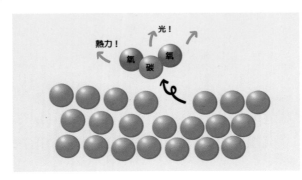

熱力！
光！
氧 氧
碳

3 例如，火藥裏的碳與氧氣結合，燃燒時便釋出二氧化碳、熱力、光，這個過程就是我們看見的爆炸。

煙花背後有不少專門的化學知識。例如煙花可以發放顏色，並非因為加入了顏料，因為顏料不會依附在空氣粒子上讓遠方觀眾看得見，而是因為在煙花中混入了不同金屬離子。至於煙花的「爆炸」過程，本來就是一場化學反應呢！

④ 煙花的燃燒十分劇烈，過程中製造大量化合物，釋放的能量也非常多。

⑤ 相比之下，蠟燭的燃燒過程則比較慢，它燃燒時間較長，釋放能量的幅度也較平穩。

⑥ 有趣的是，原來人體消化食物其實也與「放煙花」十分相似，只不過燃燒的過程更慢更長。

知識站

煙花顏色何處來？

▼銅離子燃燒時發出藍綠色的光芒。

　　一般火藥燃燒時只會發出紅光，為甚麼煙花會有七彩繽紛的顏色呢？

　　原來煙花的火藥加入了不同的金屬離子，以控制煙花的顏色。金屬離子燃燒時非常特別，它們會根據離子種類不同，釋放不同的火燄顏色，例如鈉離子會發出金黃色火燄，鈣離子會發出磚紅色火燄……這些不同的反應在化學裏稱為「燄色反應」。只要在煙花原料裏添加不同金屬化合物，就可製造不同的顏色。

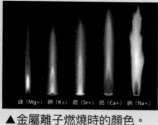

鎂(Mg+)　鉀(K+)　鍶(Sr+)　鈣(Ca+)　鈉(Na+)

▲金屬離子燃燒時的顏色。

知識站

舞台用的冷煙花

　　通過調整火藥的成分，原來可以控制煙花的溫度。舞台上經常利用煙花製作炫目的效果，而不會燒傷人，這是因為舞台用的冷煙花採用了燃點較低的金屬粉末，把燃點控制在60℃至80℃，點燃後溫度較低、煙霧較少。然而舞台煙花的噴嘴仍可引起數百度高溫，與普通的火種無異，有引起火警的風險，在香港亦受《娛樂特別效果條例》監管，需要牌照才能製作，是十分專業的技術。

煙花的化學污染

　　煙花燃燒時會製造數以億計的微小顆粒，例如懸浮微粒（PM2.5）、鋇、鉻、鈦等金屬的化合物、二氧化硫等，其中充當氧化劑的高氯酸鹽是環境科學家的頭號敵人，它們可能會污染海洋。而且煙霧逗留在空氣的時間很長，往往需要八至十小時，即是待第二天凌晨才會自然吹散，這令街上的支氣管炎病人、敏感人士都蒙受不必要的健康風險，容易氣喘、咳嗽。

中國四大發明──黑火藥的發明故事

　　煙火的基本配方就是黑火藥，是中國四大發明之一，早在唐初醫學家孫思邈的《丹經內伏硫磺法》中已經有所記載。孫思邈發現將硝石、硫磺和炭化皂角子混合，然後用火點燃便能猛烈燃燒。後來經過陶弘景、清虛等等不同煉丹家的嘗試，以各種方法燒煉丹砂鉛、汞等礦物以及藥物做成丹藥，總結出不同的火藥方子，慢慢應用在軍事、祭典煙火等領域。

 遊戲

真正顏色

以下為是次煙花匯演的煙花顏色，試根據字體顏色，朗讀出下列字詞的真正色彩吧！

煙花的燄色

試填上和煙花顏色相應的金屬離子：

銅離子　　　鈣離子　　　鈉離子　　　鉀離子

Notes:

第二章

人體奧秘

第二章 人體奧秘

細胞裹的
神奇時鐘

　　王子最近迷上了深夜劇集，經常在凌晨 12 時過後才
上牀睡覺。一周之後，當王子想把睡眠時間調整過來，
早一點入睡，卻發現完全睡不着。原來人體裏有一個生
理時鐘，由於王子時常晚睡，打亂了生理時鐘，因此連
帶把睡眠、吃飯、如廁等生理規律全都擾亂了。

陽光劇場：
當生理時鐘失衡

王子

葉趣趣

① 王子迷上了深夜劇集，經常熬夜追看，有幾個星期經常晚睡。

② 劇集完結了，王子希望恢復本來的睡眠時間，卻發現完全沒有睡意。

③ 由於王子的生理時鐘打亂了，因此他在日間容易打瞌睡，體力下降。

萬物有時，人體裏的細胞也有定時，懂得按時工作並休息。王子最近迷上了深夜劇集，以致打亂生理時鐘，難以入睡。到底王子的生理時鐘失衡，會為他的身體帶來甚麼變化？

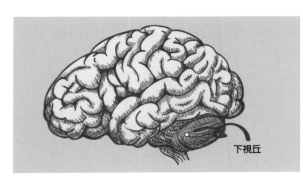

下視丘

④ 人的生理時鐘是如何運作的？大腦的下視丘是調節內分泌的神經中樞，並連接眼睛，以接收每日光暗變化的資訊。

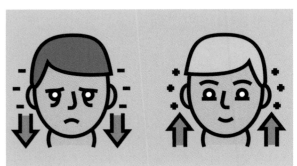

⑤ 下視丘認知到夜晚來臨時，會傳達資訊給大腦的松果體，使松果體分泌褪黑激素，控制身體睡眠醒來的時間、血壓調節等。

快點陪我玩遊戲！

我到了休息時間了。

⑥ 除了動物外，其實植物也有生理時鐘，開花、香味排放和葉片的運動都有定時。

知識站

生理時鐘是甚麼？

　　我們每個人體內都有一個看不見的「生理時鐘」，每天24小時不停運作，意思是指細胞器官都懂得按時休息或工作的規律。科學界已經證明生理時鐘存在於基因內：三名獲得2017年諾貝爾醫學獎的科學家，以生理節律為研究題目，通過研究基因簡單的果蠅，證實了細胞有一種能夠控制生物節律的基因，這種基因懂得在夜間積聚、在白天分解一種蛋白質，控制細胞在晝夜的不同活動。生理時鐘可影響睡眠規律、器官運作、情緒等；人體對於光綫非常敏感，如果在晚上接收太多光綫，便會打亂生理時鐘。

知識站

如廁的最佳時機

　　生理時鐘可以影響我們很多器官的活動，腸道就是其中之一。腸動素、胃泌素、膽囊收縮素、褪黑激素等激素會在身體按時分泌，它們會影響便意、腸道蠕動。一般而言，如廁的時間因人而異，但健康的人都會在某個固定時間如廁。凌晨1時至5時則是最不適合如廁時間，因為人體在深夜會分泌褪黑激素，理論上可以抑制腸道蠕動，令人不想排便。如果在凌晨出現便意，則可能代表褪黑色素分泌失調，或消化系統出了問題。

不同地區的人有不同的生理時鐘嗎？

不同地區的日照時間不同，不同地區的人當然會有不同的生理時鐘。

世界各地存有時差，如果前往外地旅行，回來時身體容易出現時差造成的生理影響（Jet Lag）。解決時差的方法很簡單，就是在正午曬曬太陽，通過光綫影響下視丘調節生理時鐘的能力。此外，一些人特別容易受時差影響，例如頻繁來往外地的航空業人員，研究發現，他們經常遭遇時差，生理時鐘常被打亂，長遠會損害記憶力。

「夜貓族」是天生的嗎？

夜貓族和晨型人都是天生的，這是因為人的晝夜節律通常不是剛好24小時，而是因人而異，有些人較短，大約23小時一個循環，有些人是25小時。有些人天生喜歡在早上工作，是因為他們的循環較短，約為23小時，由於較快完成一個循環，所以在早上較快結束睡眠階段，較快進入精神抖擻的狀態。有些人在晚上特別精神，頭腦特別清醒，是因為他們天生25小時為一個循環，因此也較其他人遲一些進入狀態。

遊戲

誰是夜貓族？

陽光家族正在爭論誰是最晚睡的人。在這四人當中，的確有一人是夜貓族，而且在這段對話中，只有一人說了假話，大家認為誰才是夜貓族呢？

應對時差

試選出正確的應對時差方法：

a. 盡早按該地區的時間
   調整作息時間
b. 在日間睡覺
c. 在日間外出接觸天然
   光綫
d. 不睡覺

抽血能知身體事

　　抽血檢驗是身體檢查時經常用到的方法，除可驗出有沒有病毒抗體外，還能有效知道體內器官的健康狀況、身體對甚麼敏感等等身體資訊。

陽光劇場：
抽血做檢驗

王子

曲家里

莎因斯

① 抽血取樣位置通常是手臂內側，因為皮膚接近血管，容易採集。

② 刺針前須用酒精在皮膚表面擦拭，徹底消毒。

③ 先用橡皮紮住手臂，然後開始抽血，通常會抽取數支用作不同檢驗項目。

小朋友，你有試過抽血嗎？其實早在你的嬰孩時期，就已經在醫院進行過抽血檢驗了。長者或長期病患者，都可能須定期驗血。抽血檢驗是一項常用的測試，有了血液檢驗，可以得知身體裏很多資訊。

我可以走了嗎？

不行，還要休息半小時。

④ 完成後止血，有些人會頭暈，所以所有抽血後的人須坐着休息約半小時。

⑤ 一至兩日內，抽血傷口或會出現瘀青，但屬於正常反應，幾日後會自然散去。

⑥ 樣本通過顯微鏡、化學試劑檢測，便可得知結果。

知識站

驗血可得知哪些身體資訊？

抽血檢測的項目分為不同類型，配合顯微鏡觀察和不同化學試劑，可以獲得很多身體資訊，例如：

· **體內抗體數量**：感染某種病毒後進行抽血，可以知道血液裏的抗體數量，評估該人有沒有再次感染這個疾病的風險。

· **食物敏感**：一些人進食食物如花生、雞蛋、甲殼類海鮮後會出現皮膚紅腫、嘔吐、呼吸困難等反應，這是因為免疫系統誤認了食物為敵人，作出錯誤攻擊，抽血能檢測引起過敏反應的免疫球蛋白E含量。

· **血液含氧量**：測量血液的含氧量，可以評估呼吸系統、新陳代謝，了解身體傳送氧氣的效率。

· **血液膽固醇量**：當膽固醇超標時，體內的血管會慢性發炎，屆時患上心臟病、中風的風險便會大大增加。

知識站

甚麼是血型？

通過驗血我們可以得知自己的血型是甚麼，常見的血型分別有A型、B型、AB型和O型四種。不同血型其實是指紅血球表面的抗原蛋白類型，所以A型血的抗原蛋白就是A抗原，AB型則擁有A、B兩種抗原。香港共有40%人口是O型血，排名第一，最少的則是AB型血，只有7%。

抽血前為甚麼要空腹八小時？

　　如果我們要抽血做身體檢查，醫生一般會要求抽血者前一晚12時開始空腹，然後翌日早上抽血，至少空腹八小時。這是因為人在進食後的半小時開始，血液會呈乳糜狀，影響驗血結果，尤其很多檢驗項目要通過比對血液顏色來獲取結果，空腹是要保證檢驗結果的準確性，如果進食之後抽血，血糖、三酸甘油酯等數值檢驗就會失準。因此，如果檢驗是肝功能、腎功能、血糖、血脂等項目，須空腹抽血。不過並非所有驗血項目都要空腹，如果是血液常規檢查就不需要。

輸血小知識

　　每個人的血液中都含有不同類型的抗原和抗體，只有輸入符合血型抗體的血才能發揮作用，否則會影響血液的正常功能或導致生命危險。AB型血的人被稱為「百搭血漿」，因為他們的血液中不含A型和B型抗體，可接受任何血型的血液。

血液的顏色

試圈出動物血液的顏色：

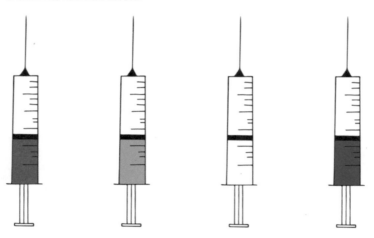

子女的血型

假如父母是以下的血型，他們的子女<u>不會</u>是甚麼血型呢？

a.

O 與 O

\>✓<

?

b.

B 與 AB

\>✓<

?

糖果酸味
從何來？

　　王子買了不同口味的水果糖，正在愉快地品嘗。當他吃到其中一顆糖果時，忽然產生疑問：「為甚麼砂糖只有甜味，而糖果卻要有酸味？」大家可有發現，除了一些標榜酸味的糖果之外，不少糖果都或多或少加入一些酸味，這些酸味到底從哪裏來？除了糖果之外，泡菜、乳酪等美食的酸味又是從何而來？

陽光劇場:
酸味的奧秘

曲家里

莎因斯

王子

酸味劑其實大多來自我們熟知的食材,例如酒石酸其實是來自葡萄,乙酸來自醋。

1 糖果的酸味是來自食物用的酸味劑,例如乳酸、檸檬酸、酒石酸、延胡索酸等。

檸檬酸的主要用途是調味,除此之外,還可以製作浴鹽、清潔劑等。

2 檸檬酸抽取自檸檬、青檸、葡萄柚等柑橘類水果,很多糖果都是用檸檬酸製造酸味。

3 蘋果酸是另一種經常加入糖果的有機酸添加劑,抽取自蘋果、葡萄、山楂等果實。

糖果的成分除了砂糖之外，其中一種常見材料是酸味劑。原來酸味對食品、飲料的製作都非常重要，能夠提升口感層次和風味，別以為酸味劑全都是甚麼奇怪化學物，它們很多都是來源自檸檬、葡萄等常見的天然食品。

製造糖果時會把蘋果酸加入棕櫚油，品嘗時，蘋果酸會隨棕櫚油融化，散發酸味。

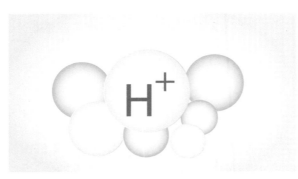

4 蘋果酸其中一個特點，是酸味呈現比較緩慢，能讓酸味在品嘗時停留較長時間，藉此調控糖果「酸」的時間。

5 酸味劑之所以能帶來酸味，是因為酸性溶液中有氫離子。

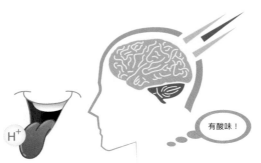

6 氫離子可使味覺細胞產生反應，釋出神經信號，使腦產生酸味的感覺。

人體奧秘

知識站

我們有五種味覺嗎？

有一種主流說法指出，人通過味蕾可以產生五種主要的味覺：酸、甜、苦、鹹、鮮。

你可能會問，為甚麼沒有辣？辣其實不是味蕾所產生的味覺，而是舌頭表面的其他感覺細胞所產生。至於鮮味可能較少人聽聞：在1908年，日本化學家池田菊苗發現，海帶湯的麩胺酸會令人產生一種味覺，而這種味覺與其他味覺完全不同，這種就是鮮味，他亦因此發明出味精。

▲ 你知道嗎？味精其實來自海帶湯，很難想像吧！這種就是鮮味。

知識站

檸檬是鹼性食物

很多人會沖泡檸檬水，來吸收身體所需營養。雖然檸檬汁是酸性的，但原來在消化過程中卻會變成鹼性。檸檬汁的酸鹼度大約為ph2至3，屬於酸性溶液。

檸檬汁進入人體後產生化學作用，氧化成二氧化碳和水，以及碳酸氫鈉（類似蘇打粉的化合物），因此呈現鹼性。

為甚麼生物會演化出酸的味覺？

我們對擁有味覺習以為常，但古代生物可不是。北卡羅萊納州立大學的團隊曾發表有關生物酸味演化的研究，並在科學期刊上刊

登：「生物學家Rob Dunn和他的團隊表示，生物感受酸味的能力很可能於古代魚類中演化出來。由於海水酸鹼值會影響海水二氧化碳含量，因此對海洋生物呼吸事關重要，這個因素也許影響古代魚類演化出能感受酸度的感官。」

包裝烏冬為甚麼有酸味？

你有吃過包裝烏冬麵嗎？現在超市經常能看見一包包獨立包裝的烏冬，部分烏冬撕開包裝袋後會散發出酸味，不禁令人懷疑是不是過期了。其實這種酸味來自酸度調節劑，用來控制食物的酸鹼度以及抑制細菌生長，有防腐作用，令食物更安全和延長保質期。

遊戲

酸味的食物

試選出帶酸味的食物：

青檸

橙

醋

生菜

蒜頭

豉油

味覺連連看

我們可以產生酸、甜、苦、鹹和鮮五種味覺，試將以下食品連上相應的味覺：

雲呢嗱雪糕
●

檸檬
●

黑咖啡
●

烤雞
●

味精
●

●
酸

●
甜

●
苦

●
鹹

●
鮮

神奇的嗅覺

　　人的嗅覺真奇妙，英國有一名感染新冠肺炎的病人康復後，竟奇迹地恢復失去多年的嗅覺呢！人的嗅覺與神經綫有緊密關係，即使鼻子沒有受損，也有不少人因為染病等原因損害了神經，因而失去嗅覺。

陽光劇場:
嗅覺與神經聯繫

嗅覺細胞

莎因斯

王子

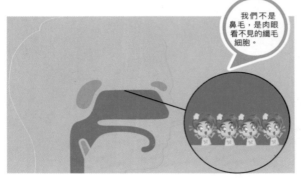

我們不是鼻毛,是肉眼看不見的纖毛細胞。

① 鼻裏有很多微細的纖毛,肉眼不能看見,是嗅覺細胞接收氣味的最前綫。

捉到了!

② 纖毛能抓住空氣裏的物質,嗅覺受體細胞接收後,會改變自身結構。

是香橙的氣味!快點傳送「電報」給大腦。

③ 嗅覺細胞會發出電流,傳送信號到大腦。

人的嗅覺比想像中複雜且強大，2004年諾貝爾獎生理學或醫學獎研究更曾經指出，人類能分辨超過一萬種氣味，原來人類的鼻子這麼強大！等等……我們好像遺忘了一位功臣？原來是我們的神經系統！缺少了神經連結，我們就無法享有嗅覺了。

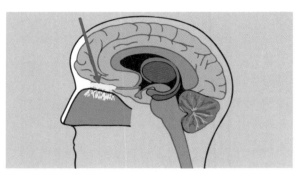

④ 大腦有一區域名為「嗅球」，它的神經突觸延伸到鼻腔，專門處理嗅覺訊息。

⑤ 除了鼻子這個接收器外，生物還需要大腦來處理訊息，讓我們「感受」到氣味。

⑥ 有些人神經受損，即使受傷的不是鼻子，也會失去嗅覺。

知識站

嗅覺對生物重要嗎？

　　嗅覺與人類生活質素息息相關，嗅覺不但讓我們可以分辨美食的味道，而且與人類的記憶密切相關，例如有些氣味可令人聯想到重要的童年記憶或情緒。如果失去對美食佳餚的感覺，或失去一些與氣味相關的記憶，生活質素也會大打折扣。對於生物來說，嗅覺對生存亦十分重要。一些嗅覺靈敏的動物可藉氣味分辨出危險，也有剛出生的哺乳動物，通過嗅覺找到牠們的母親而獲得乳汁，如果失去嗅覺，牠們便無法生存。

知識站

人工香氣何處來？

　　氣味除了來自食物、花朵外，還可以由「人工」合成。古人很早以前已懂得從花朵提煉散發香氣的精油，做法是採集大量花朵，通過蒸餾、榨壓，便能提取少量精油。隨着近代化學工業發展蓬勃，科學家懂得辨析動植物中哪些化學結構與氣味有關，從而生產人造香料；日常生活中，香水、香薰、食物也會用到這些人造香料。然而，在人工香料氾濫的今日，醫學專家發現過量攝取化學物恐有致癌風險，例如塑化劑——鄰苯二甲酸酯類就是其中之一。因此不少生產商已開始正視人工香料的安全使用問題，作出更嚴格的監管生產。

進食時也聞到氣味？

大家有試過進食時也聞到氣味嗎？我們通常是用鼻子吸進氣味，但如果仔細留意，即使進食時鼻子沒有吸氣，也會感受到香氣，這種香氣更像從喉嚨裏傳來。原來大腦有分辨鼻後嗅覺的能力，意思是，大腦能分辨哪些氣味是從後方進入鼻腔的。大腦其實無時無刻都在注意，我們是正在嗅聞？咀嚼？還是吞嚥？如果我們在咀嚼，大腦便會將鼻後嗅覺和味覺組合起來，組合出食物特有的「風味」。

因此，如果你下一次進食時聞到氣味，也不用覺得奇怪了。

▲即使在咀嚼食物時，我們沒有吸氣，也能感受到回腔傳來的氣味。

動物嗅覺有多厲害？

地球上有很多動物的嗅覺遠比人類發達，例如熊的嗅球區域是人類的五倍，能夠在遙遠的距離聞到食物的氣味，比人類的嗅覺靈敏三百倍。另一種嗅覺靈敏的動物是鯊魚，鯊魚的鼻子長在嘴的底部兩側，能夠精準識別附近一百升水中的一滴血的味道，從而追捕獵物。至於人類的好朋友狗，也是以嗅覺靈敏著稱，敏銳度比人類強一百倍，充當緝毒犬的狗種，嗅覺甚至比人類要靈敏三百倍呢！

 遊戲

誰是香薰的主人？

誰可找到屬於自己的香薰？

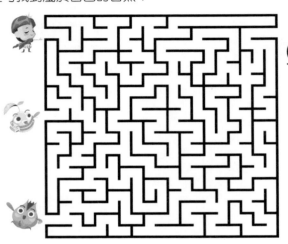

天然香氣

試選出帶有天然香氣的材料：

雪松

牛糞

冰

玫瑰

多胞胎的科學

　　人類誕下四至五名以上的多胞胎是稀有的事，巴西就曾有母親成功產下五胞胎而成為國際新聞。試想像如果有四名與自己樣貌相同的兄弟或姊妹，有多不可思議？究竟多胞胎為甚麼會有近乎相同的外貌呢？你又知道多胞胎誕生往往伴隨很高的生產風險嗎？

陽光劇場：
罕有的多胞胎

同卵雙胞胎　異卵雙胞胎　龍鳳胎　五胞胎

你怎麼和我長得一樣？哈哈！

① 有些雙胞胎有着相同外貌，他們屬於同卵雙胞胎，由同一顆受精卵分裂而成。

我們真的是雙胞胎兄弟嗎？

對，有時候雙胞胎也不是同一模樣。

② 有些雙胞胎屬於異卵雙胞胎，他們樣貌不相似，差異不少，有如普通兄弟姊妹。

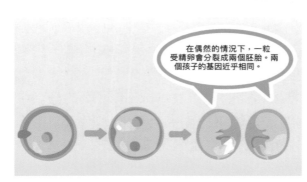

在偶然的情況下，一粒受精卵會分裂成兩個胚胎。兩個孩子的基因近乎相同。

③ 雙胞胎形成與細胞結構有關，正常而言，人類嬰兒只是從一顆受精卵，長成一個嬰兒。同卵雙胞胎則是從一顆受精卵分裂成兩個嬰兒。

你身邊有一些雙胞胎的同學嗎？他們有着近乎相同的外貌，只有指紋等隨機生成的特徵會有少許不同，這是因為同卵的多胞胎是由同一顆卵子分裂而成，所以有着近乎完全相同的基因。

4　在異卵雙胞胎的例子中，則是有兩粒卵子分別由不同精子受精，再長成兩個胚胎。

5　俗稱「龍鳳胎」的雙胞胎，指同時誕下的男嬰和女嬰，也是屬於異卵雙胞胎。

6　多胞胎中有九成機率是雙胞胎。胎數愈多，成功誕下和存活的機率愈低。

知識站

多胞胎的生產風險

　　胎兒數量愈多，早產機會愈高。多胞胎的早產機率遠高於非多胞胎，其中雙胞胎早產的機率約51%，三胞胎則約有91%機會早產。胎兒在母親懷孕期間會吸收養分並讓器官發育，所以不少多胞胎在誕下時都有體重過輕的問題。此外，由於肺部是胎兒最後成熟的重要器官之一，因此不少早產的多胞胎在出生時都出現呼吸困難，需要呼吸器才能活下來。懷上多胞胎的母親也面對很多健康問題，多胞胎會令孕婦較易患上高血壓、貧血、糖尿病。如果醫生評估後發現懷孕風險太大，孕婦更須進行減胎手術，放棄部分胎兒。

知識站

甚麼是「雙胞胎消失症候群」？

　　有些雙胞胎中的其中一員，竟然會在懷孕過程中消失？雙胞胎消失症候群，指一些雙胞胎在懷孕過程中，其中一個長得較小的個體無法存活，胎兒會停止發育並被子宮吸收。這些胞胎消失的情況通常在懷孕的中前期發生，因此也有不少個案在產前檢查中未被發現，孕婦更從未知道自己曾懷上雙胞胎。這些消失事件發生機率並不低，在雙胞胎的個案裏約佔20%。

多胎的哺乳類動物

人類通常每次只會誕下一個嬰兒，誕下兩至三個嬰兒反而是罕見的事。在自然界裏，貓、狗、老鼠等哺乳類動物都是一次過能產下三至八個胎兒。生物學家認為，這些動物在所屬環境生存風險大，容易被自然界中其他捕獵者掠食，所以演化成多胎繁殖，通過增加胎兒數量，避免「全軍覆沒」，提高延續後代的機會。大自然裏有些生物體形龐大，或消耗資源較多的物種，則每次只誕下一胎，例如大象。

解開出生前的秘密

根據研究顯示，孕婦在懷孕初期懷有雙胞胎的比率是12%，但最後可能只有1.3%能夠成功產出雙胞胎。近年誕生了一種新科技，可以通過基因測試的方法，檢測人類在受孕時是否曾經是雙胞胎，其準確率達到60%至80%，目前這項技術只適用於檢測同卵雙胞胎。

 遊戲

尋找雙胞胎妹妹

試幫忙尋找莎因斯的雙胞胎妹妹：

同卵雙胞胎動物

試選出會出現同卵雙胞胎的動物：

豬　　　　　雞

蝴蝶　　　　狗

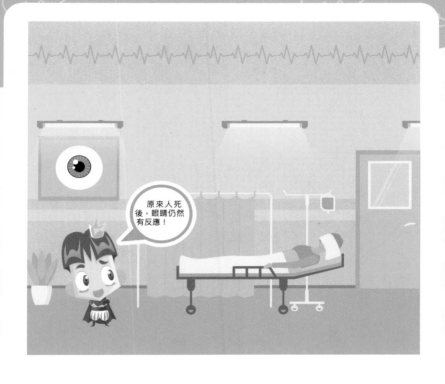

死後身體的奧秘

　　生物的維生機制十分複雜，最新的研究發現人在死後，雖然身體看似靜止，但眼睛的視網膜仍會對光綫有所反應。人體非常奧妙，即使已經死亡，身體各個部位或組織原來都會有不同步的反應。

人體奧秘

陽光劇場：
死後的眼球

 醫生

 捐贈者

 研究團隊

1 人死後，器官可用於捐贈。

2 器官捐贈是有條件的：若器官已受到感染或衰竭，便不能移植。

3 移植手術亦須盡快進行，例如眼角膜移植，須在捐贈者死後十二小時內進行。

科學研究發現人類在死後，眼睛仍可「存活」五小時！雖然人的本體死亡了，但眼睛還能活動，很難想像吧！不只如此，原來人類的每個器官組織，很多時候都不是同步停止運作的。

④ 不少研究人員希望知道，人體細胞或組織在人死後，還可以存活多少時間，這對捐贈研究大有幫助。

⑤ 2022 年美國一組眼科醫學的研究團隊，就嘗試在遺體捐贈者的遺體進行實驗，了解人類死後的眼球活動。

⑥ 他們發現：在人體死亡五小時後，其眼球仍會對光綫有反應。

知識站

甚麼是器官捐贈？

你知道人死了以後器官還有用嗎？器官捐贈，指人把身體的器官捐贈給有需要接受器官移植的病人，讓其他病人得到幫助。器官除了捐贈給病人，還可以捐給大學或醫學院作研究用途，這樣的捐贈者稱為「大體老師」。器官還可以由活着的人捐出，例如捐出部分肝臟（可再生器官）或腎臟，稱為「活體器官捐贈」。不論是活體或死者器官捐贈，都必須由捐贈者或家人簽署同意書，得到同意才可以進行。

知識站

供求量最大的器官

你知道嗎？根據香港衞生署在過往十年間的統計，需求量和捐贈量最多的器官是腎臟，第二名是眼角膜。一個健康健全的人天生有兩個腎臟，即使缺少了一個腎臟，身體仍能保持運作，所以活體捐贈中數量最多的就是腎臟。而眼角膜是掌控視力的關鍵，所以通常由遺體捐贈。

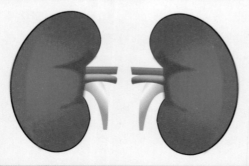

知識站

甚麼是死亡？

　　人類即使已經死亡，眼睛仍有反應。身體之間的組織既然不同步停止運作，那麼人究竟甚麼時候才是「真正的」死亡？科學界認為，「死亡」指血液循環、呼吸或大腦活動「不可逆轉」的停止。例如在某些狀況下，情況危殆的患者會心跳短暫停止，但心跳有機會

在搶救後再度恢復，即是他還沒有「死亡」。

　　但如果人的呼吸脈搏已經長時間停止了，即使現時醫學怎樣再昌明，也仍然沒有方法可以讓死者復生，這樣就稱為死亡。

知識站

魚死後仍會動

　　我們在街市裏常會見到死了的魚仍在跳動。魚確實是死了，牠們的大腦已經停止運作，但神經系統還需要一段時間才完全死亡，所以若在魚身撒鹽或給予刺激，就會出現神經反射動作，例如魚的肌肉抽搐。日常生活中人類也會有反射動作，例如手指接觸灼熱的水壺或湯碗，神經系統會讓我們馬上縮手。

撈出死去的魚

試從魚缸內撈出死去的魚：

器官捐贈

試圈出人死後可以捐贈的器官：

肝臟

心臟

腦部

胃部

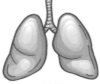

肺部

腎臟

Notes:

第三章

地球科學

第三章 地球科學

目　次

冰河期再臨？

　　全球暖化導致地球上大量冰川正在消失，在遠古的冰河時期，冰川可是覆蓋了整個地球。原來每隔一段長時間，冰河時期便會重返地球，那麼下一次的冰河時期將會是甚麼時候？到時候可以解決全球暖化問題嗎？

陽光劇場：
冰河期的形成

 氣候科學家　 王子　 曲家里

> 地球的氣候以數十萬年為單位，不斷更替。

❶　大概每十萬年，地球就會有一次長達千年的嚴寒期。

> 你是居住在幾千年前的人嗎？你怎麼知道以前這麼冷？

> 不是啦，這是因為地球冰層留有很多痕迹。

❷　科學家是如何知道冰河期變更的？原來地球表面留有很多痕迹，告訴後人以前的溫度。

> 看這些泡泡，就知道以前的溫度。

❸　例如：通過鑽探南極的冰層，研究一些封在冰中的微小氣泡，就可以了解地球過去的氣候變化。

地球的氣候是以我們無法經歷的規模不斷循環，大概每十萬年，隨着二氧化碳量及地球公轉運動的變化，地球就會進入一次冰河期。

火山活動、岩石風化作用，會影響地球的二氧化碳量，控制溫室效應的速率。

4 造成氣溫下降的因素有很多，大自然的二氧化碳是其中之一。

冰河期的太陽距離地球較遠，就像冬天的陽光較弱一樣。

5 除此之外，受地球公轉運動改變影響，日照量也會改變，影響地球溫度。

在冰河時期，即使是夏天的陽光，也不足夠融化積雪。

6 當眾多因素疊加，夏天逐年變得不夠炎熱，冬天的積雪沒能在夏天融化，冰河期就會來臨。

冰河時期會再來嗎？

綜觀地球歷史，冰河時期其實在不斷重複出現，科學家推斷過去一百萬年，實際上已發生過十次不同規模的「冰河時期」。那麼下一次會是甚麼時候？科學家統計，六千年前的地球有可能溫度已經到達頂點，理論上，地球溫度正處於下跌的階段。反常的是，在一百五十年前開始，地球的平均溫度提升了1℃至2℃，專家推論是因為化石燃料的使用，加劇溫室效應，令地球溫度不跌反升。人類的工業活動為地球帶來極巨大的影響，冰河時期不但沒有發生，地球溫度還異常地上升。

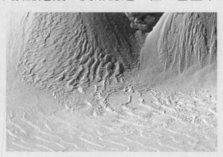

長毛象可以再現嗎？

長毛象是冰河時期的動物，牠們在四千年前因氣候變化而絕種了。我們可能以為，再見絕種的動物看似天荒夜譚，但原來技術上是可行的。由於基因複製技術日趨成熟，因此不少科學家積極研究培

育長毛象的方法。一些科學家提出，長毛象的遺骸被冰雪覆蓋，如果存有長毛象完好無損的毛髮、骨髓細胞，理論上是可以通過細胞複製技術再現長毛象。假如他朝有日能發現完整保存的細胞，或許真的能複製出長毛象。

千古奇案——冰河時期滅絕事件

科學家發現在二百六十萬年前的第四紀當中，地球曾發生一次生物集體滅絕的慘案，地區廣泛涉及北美洲、南美洲、澳洲、歐洲等地，超過一百屬（Genus）大型哺乳類動物集體消失，例如真猛瑪象、披毛犀、海德堡人、巨貘等等。集體滅絕的原因暫時未明，有科學家提出「氣溫轉變假說」，指當時冰河時期末期，氣溫上升，令原先適應寒冷的動物大量死亡。但也有人提出，過往地球亦曾經歷過「末次冰期」，為何只有這一次才造成大滅絕呢？科學界各家眾說紛紜，其他假說例如「獵殺假說」、「傳染病假說」和「隕石假說」亦各有支持者，不知大家更認同哪一個假說呢？

地球的史官——有孔蟲

到底科學家是怎麼知道千萬年以前地球的模樣呢？原來科學家會研究一類名為有孔蟲（Foraminifera）的單細胞生物，這種古老生物的特點是有殼和長有粒網狀偽足。地球自寒武紀（約五億年前）就有牠們的身影，牠們經歷石炭紀、侏羅紀、第四紀等等，直至現時仍約有六千種有孔蟲生存在各類海洋環境，可算是見證地球成長的世界史官。科學家通過研究牠們的化石，確定地層的地質時代、認識昔日海洋環境，甚至還可以通過辨析某些特別種類的有孔蟲聚居地，找出藏有豐富石油的地帶。

▲南海水域發現的有孔蟲樣本。

遊戲

冰川照片填色

王子暑假去了冰川渡假，拍了不少照片，但他的相機故障了，照片全部變成黑白色，請各位同學幫他的旅行照片填上顏色吧！

避寒路綫

冰河期再臨了，寒氣從後侵襲，所到之處都凍成冰條，快尋找正確路綫到達安全區！

為冰川蓋被子

在全球暖化下，冰川急劇融化，為保護冰川，愈來愈多地區想到為冰川「蓋被子」的方法。你可能會疑惑，用布蓋着冰川真的有效嗎？原來蓋被子不但可阻隔熱力傳播，還可反射太陽傳來的熱輻射，如果一塊冰川蓋上被子，融化速度可減慢 50% 至 70%。

陽光劇場：
鋪滿冰川的布料

科學家　　島國居民　　河流附近
　　　　　　　　　　　的居民

> 其實地球上大部分淡水都是冰塊。

① 冰川水量極龐大，佔全球淡水總量的 69%。

> 我們的家園都被淹沒了！

② 受氣候暖化影響，格陵蘭島和南極冰川融化，這也是導致海平面上升的主因。

> 怎麼氾濫愈來愈嚴重？

> 去年氾濫，今年卻沒有雨！

③ 冰川亦同時影響河水量；如果冰川過度融化，會導致下游氾濫；隨着冰川變小甚至消失，會導致河川水量減少，影響下游乾旱地區的供水量。

在全球暖化下，各地冰川持續融化消減，導致海平面上升、一些地方出現氾濫和旱災等極端天氣狀況。為了減慢冰川融化，各國政府竟然想到為冰川「蓋被子」的方法。

④ 人們為保護冰川，其中一種方法是為冰川蓋被，減慢融化速度。

⑤ 冰川使用的布是土木工程專用的布料，用隔熱材料製成，能反射陽光。

⑥ 專家估計，「蓋了被子」的冰川與「沒有蓋被子」的冰川相比，其融化速度可減慢 50% 至 70%。

地球科學

知識站

冰川分布七大洲

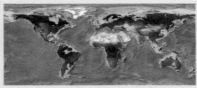

冰川令人聯想到冰凍的南北兩極，但其實這是七大洲也會出現的地形。除了南北極地區外，在一些令人意想不到的地方也有冰川。例如在炎熱的非洲大陸上，共有三座高峰冰川，分別位於肯尼亞、烏干達和坦桑尼亞；在炎熱的大洋洲，雖然澳洲大陸上沒有冰川，但她鄰近的島嶼——紐西蘭上，則有三千多個冰川。

冰川除了足迹遍布七大洲外，面積也非常廣闊，足足覆蓋了地球11%的陸地，如果冰川全變為水，更佔了地球上淡水總量的69%。

知識站

蓋被子拯救冰川

為了應付全球暖化，一些冰川地區的政府會在每年夏天，把特製布料鋪滿整條山脈，以緩和冰川融化的速度。特製的布料可阻擋冰川對熱量的吸收，並反射來自太陽的紅外綫。雖然蓋被子可有效減慢融冰，但這種方法划算嗎？以瑞士為例，自2004年開始，瑞士政府為九

個冰川採取蓋被子的措施，以保護自然雪景。在2019年，研究人員估算這種方法每年花費七十至九十萬瑞士法郎，即大約六百至七百六十萬港幣，但是成效頗低，以全個國家的冰川總量計算，「蓋被子」只是減少了0.03%的冰融化。

為甚麼被子可以保冷又保暖？

被子是大家熟知的保暖用品，較少人知道它還有保冷用途。為甚麼被子同時擁有保冷和保暖的特性？根據物理學，熱力的特性是會流向較冷的地方，直至兩者的溫度相同為止。由於被子裏有很多空氣，空氣傳熱慢，所以減慢了「熱力流向較冷地方」的過程。假如在寒冷的冬天，由於人體比室溫溫暖，熱力會不斷跑往空氣中，如果蓋

上被子，減慢熱力傳播，就起了保暖效果。情況就如一罐冰冷的汽水，由於汽水比空氣冷，環境的熱力會不斷跑往汽水罐上。用被子包起汽水，便可減慢環境對汽水的熱力傳播，所以被子有保冷用途。

神奇的土工織物

蓋在冰川上的特製「被子」是一種可以阻隔光熱的土工織物（geotextile），工程師可因應不同地形需要而調整其穿透性、承托力、反光能力等，以達到不同目的。土工織物用途非常廣泛，包括可分隔泥土、過濾、強化土層、形成保護膜、排水等，例如在山坡旁，我們就可找到強化土層的土工織物。

▲用於排水系統外的土工織物。

 遊戲

有冰川的國家

試選出有冰川的國家：

 冰島

 埃及

 紐西蘭

 加拿大

 菲律賓

 古巴

自製保冷水樽

哪種家裏常用物品最保冷？試以不同物料製作保冷水樽，再試驗出答案吧！

材料：

1 張報紙	3 個膠樽
1 張錫紙	冰水
1 條毛巾	溫度計

做法：

1. 將報紙、錫紙和毛巾分別包裹着三個膠樽。
2. 將冰水倒進膠樽。
3. 用溫度計量度膠樽內原來的水溫。
4. 10 分鐘後，再用溫度計量度膠樽內的水溫。
5. 計算出水溫上升的幅度，幅度愈少，物料保冷效能愈好。

無處不在的磁場

　　早前，有國際天文研究員第一次探測到一顆太陽系外行星上的磁場，因此展開探索系外行星上的重要一步。我們的地球磁場其實在人類歷史上很早就被發現，而且與生活科技息息相關。

陽光劇場：
奇妙的磁場

王子

莎因斯

物理學家法拉第

① 地球本身是一塊大磁石，雖然地球磁場看不到也摸不到，但它就存在於我們環境周遭。

你看，磁石會吸引金屬。

我也是一顆大的磁石。

熱燙燙的金屬

② 地底深處是地核，由於地核主要成分是鐵和鎳，是大量流動的液態金屬，因此產生磁場。

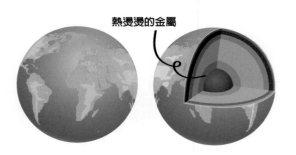

③ 磁場分南北，因此在生活中可以用於方向定位。

所以指南針會跟地球磁場轉動。

通過磁場，我們可以辨認出南與北的方向。除了辨認方向外，科學家還發現磁場與電流的關係，製造出利用磁場產生動力的裝置。

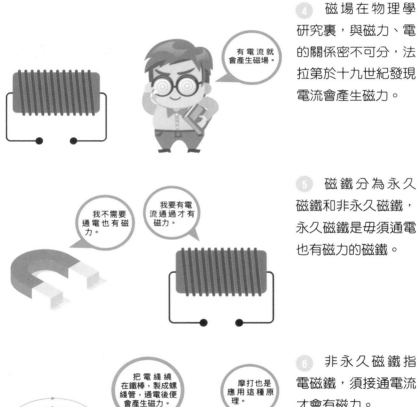

④ 磁場在物理學研究裏，與磁力、電的關係密不可分，法拉第於十九世紀發現電流會產生磁力。

有電流就會產生磁場。

⑤ 磁鐵分為永久磁鐵和非永久磁鐵，永久磁鐵是毋須通電也有磁力的磁鐵。

我不需要通電也有磁力。

我要有電流通過才有磁力。

⑥ 非永久磁鐵指電磁鐵，須接通電流才會有磁力。

把電綫繞在鐵棒，製成螺綫管，通電後便會產生磁力。

摩打也是應用這種原理。

知識站

太陽系外行星的磁場

　　地球有磁場不是新鮮事,但探測到太陽系外星球的磁場卻是一大創舉。一個國際天文學家小組利用位於太空的哈勃望遠鏡,首次探測到一顆系外行星的磁場,這顆行星HAT-P-11b距離地球一百二十三光年遠,體積和海王星差不多大。研究人員並探測到HAT-P-11b的金屬豐度比預期中弱,將成為研究行星演化理論的重要依據。

知識站

生活中的磁力應用

　　生活中有很多方面都會用到磁力和磁場,例如醫療領域、家電用品、發電機等等。

・磁力共振（MRI）是醫學上的影像檢查工具,能清晰地拍攝大腦、心臟、韌帶、肌肉等組織的影像。圓筒形的機器能製造高磁場的環境,患者在無綫電波照射下,體內的水分子、氫原子等會產生振動,讓電腦接收信號,轉換成影像。

・電磁爐底部有大面積的銅綫圈,電流通過時能以電磁感應加熱不鏽鋼鍋,而電磁爐自身則相對低溫,即使爐上放置一鍋燒沸的水,爐面也不會灼傷人。

・摩打內有接通電流的綫圈和永久磁石,當綫圈通電就會產生磁場,如果與永久磁石的極性相反,兩者就會相吸。摩打裏的數塊磁石可引導綫圈轉動,從而產生動力推動電器。

磁場會顛倒嗎？

地圖上的南北，如果有一日顛倒，你會有甚麼反應呢？其實這有可能在未來一百年內發生。自地球形成以來，地球磁場其實已經反轉過數萬次，最近一次反轉是大約在七十八萬年前。根據歐州太空總署的報告，地球磁場在過去二百年減弱了9%，表示磁場顛倒很有可能即將發生。

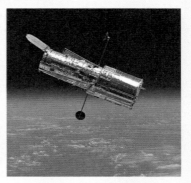

軌上幽靈——磁浮列車

世上「沒有腳」、會「飄」在空中的，除了幽靈外，還有磁浮列車（Maglev）。列車不但懂得「飄」在路軌上行駛，而且速度快得嚇人。磁浮列車利用磁場「同極相斥，異極相吸」的原理，在路軌和車底安裝同極性的電磁鐵，通電的時候，同極的排斥力便會把整部列車升起，達到有如「飄」起來的效果。因為列車行駛時不會接觸地面，沒有傳統車輪和路軌造成的摩擦力，所以行駛速度得以大大提升，例如日本東海旅客鐵道公司的磁懸浮列車時速可達603km/h，相當於F1一級方程式賽車平均時速的兩至三倍。

▲中國青島的磁浮列車最高時速可達600公里。

有磁力的物件

試選出有磁力的物件：

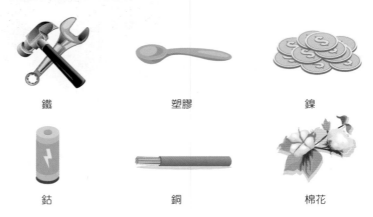

鐵　　　　　　　塑膠　　　　　　　鎳

鈷　　　　　　　銅　　　　　　　棉花

磁鐵實驗

　　試利用磁鐵能吸引鐵製萬字夾的道理，製作可跟着自己走的小船吧！

材料：

數個鐵製萬字夾
1 個可浮的小玩具（例如膠製的小船）
1 塊磁鐵
1 條雙面膠紙
1 個盛水容器（例如膠面盆）
水

做法：

1. 將水倒入盛水容器至半滿。
2. 將萬字夾用雙面膠紙貼上小玩具。
3. 將小玩具放置到盛水容器，使其浮在水面。
4. 拿起磁鐵，靠近小玩具上的萬字夾。
5. 隨意移動磁鐵，小玩具會跟隨磁鐵移動的方向走。

Notes:

第四章

食品科學

DIET PLAN

PROTEIN

CARBS

FATS

第四章 食品科學

目　次

餅乾裏的
化學反應

　　食物加熱時會產生不同化學反應，市面常見的餅乾裏，便曾被驗出含有致癌物丙烯醯胺（過度加熱時產生）。除了產生致癌物外，餅乾由 0℃至 200℃加熱時，其實還經歷了梅納反應、焦糖化等等很多化學反應。

陽光劇場：
加熱的化學反應

王子

廚師

科學家

我知道加熱食物能把它們煮熟、殺菌。

❶ 加熱食物最基本的用途，就是令它變熱，並殺死細菌。除了以上，其實還有很多其他微細的化學反應。

原來還有這麼多反應？

❷ 很多化學反應都與風味有關，例如梅納反應（創造香味）、焦糖化（豐富味道）。

130℃

太熱了。

❸ 除了味道，致癌物質的生成也十分令人關注。澱粉類食物例如馬鈴薯、麵包等，溫度如果超過130℃，就會出現致癌物丙烯醯胺。

食物烹調加熱時，裏面其實有很多化學反應發生。為甚麼餅乾會膨脹？為甚麼餅乾有很多坑洞？為甚麼某些食物加熱會致癌呢？

④ 如溫度超過160℃，丙烯酰胺就會大量出現。

⑤ 已有實驗證明丙烯酰胺會令動物致癌，科學界亦普遍認同丙烯酰胺會使人患癌。

⑥ 國際癌症研究機構將丙烯酰胺歸類為 2A 級致癌物，但各國仍難以為它制定準則。

食品科學誌

知識站

餅乾為甚麼會有鬆脆口感？

這要由最簡單的反應——水的沸騰說起。食物加熱時，水分子都在經歷沸騰和蒸發。超過30℃，水分子就會開始從麵糰裏分離並產生反應，之後溫度愈來愈高，水分子就會變成蒸氣，體積變大，所以麵糰就會鼓起，蓬蓬鬆鬆的。

在超過100℃時，水蒸氣會完全蒸發並離開麵糰，此時麵糰會變得乾硬，本來水蒸氣佔據的洞就變成了空洞，餅乾於是有了很多空心的坑洞，形成脆脆的口感。

知識站

甚麼是梅納反應？

梅納反應是令食物顏色變黃變黑、創造成千上萬的香氣味道組合的關鍵。1912年，法國化學家梅納（Louis-Camille Maillard）發現加熱糖和胺基酸或蛋白質時，合成物會變成褐色。這時候，食物加熱至正值140℃至170℃，亦是食物裏的不同蛋白質正在合成時候，可造成不同食物味道的組合。其實當時梅納並不知道梅納反應與食物味道有關。

在1940年代，正值第二次世界大戰時期，許多士兵抱怨軍糧的蛋粉味道太惡心，科學家才開始專注研究味道與胺基酸和糖的反應，並正式確認梅納反應與味道有關。

美妙的焦糖化反應

焦糖化通常與梅納反應同時發生，當加熱至105℃至180℃時，糖分會在未達到熔點前變成啡色。這時候美妙的事就發生了！糖會由單純的甜味，產生更多不同酸味、苦味，組合不同味道，顏色愈深，味道愈苦，也形成了美味的焦糖。如果糖分持續加熱超過185℃，就會熔解變黃，然後由淺啡色漸變深啡色，最後變成黑碳，代表糖分脫水。

燒焦食物會致癌？

過度加熱食物除了會產生丙烯醯胺外，也有其他的致癌物。富有動物蛋白質的食物在燒焦後會產生焦黑，之後會釋出多環胺類致癌物，燒焦的牛肉、豬肉、羊肉等都是高危食物。肉類在油炸、煎、燒烤等高溫烹調時，大量多環胺類就會產生，曾有研究顯示，食物從200℃升高至250℃期間，多環胺類增加了近三倍。焦黑的食物通常令人擔憂，其實不是所有焦黑的食物都會致癌，例如米麵、瓜菜等燒焦，則不會產生多環胺類。

烤焦了的餅乾

試替曲家里取出烤焦了的餅乾：

較易致癌的燒烤食物

試圈出較易致癌的燒烤食物：

燒金菇

燒肉

豬肉乾

燒粟米

防腐的科學

　　疫情期間大家減少出門，人人家中都儲備了不少罐頭，可長久存放又不會變壞。現代生活中，食物防腐是重要一環，我們通過控制水分、溫度、酸鹼度等抑止微生物和酵素的生長，讓食物得以長時間保存。

陽光劇場：
罐頭的誕生

拿破崙

發明罐頭的
法國廚師

現代的人

① 十九世紀法國皇帝拿破崙四處征戰，但當時食物儲存技術有限，士兵只有麵包、醃肉等食物。

② 為確保士兵有力氣打勝仗，拿破崙於是重金懸賞發明食物保鮮術的人。

③ 在懸賞之下，1805年法國廚師Nicholas Appert發明了用玻璃瓶儲存食物的方法。

大家有吃過罐頭食品嗎？為了延長食物的保質期，人們可是絞盡腦汁，直至十八世紀才發明出罐頭這種密氣式食物保存法。當初發明這種方法的人，原來是一名法國廚師呢！

4 他的方法是把食物放進玻璃瓶，加熱殺菌再逼走空氣，最後用蠟封口。

5 這個方法之所以能防止食物變壞，是因為高溫加熱把細菌殺光，加上密封後防止環境中的細菌進入密封的玻璃瓶內。

6 後來人們發明金屬的罐頭，以及製造大量罐頭的機器，罐頭食品才在生活中逐漸普及。

知識站

罐頭用甚麼材料製造？

　　製作罐頭的材料為馬口鐵（Tinplate），是兩面鍍上錫的鐵片，由於沒有毒性、可防鏽、耐腐蝕，所以常用於食品包裝。製作馬口鐵的歷史非常悠久，遠在十四世紀，波希米亞人已經開始生產馬口鐵，主要用來製造餐具和水杯。1810年，英國人造出可長期儲存食物的馬口鐵罐，即今日儲存食物的罐頭。

▲馬口鐵製造的罐頭。

知識站

食物為甚麼會腐壞？

　　食物存放時間過長就會腐壞，例如變色或有異味，這是因為細菌等微生物在食物上生長。微生物生長一般須滿足以下條件：

1. 營養物質：食物自身就是微生物的營養物質，葡萄糖、澱粉等都是微生物的食物。

2. 水分：水分是生物的維生條件，微生物也不例外。當食物的水分含量很低，細菌就無法生長。

3. 適當溫度：溫度過高或過低都會讓微生物無法生存。根據細菌種類不同，它們適合的生長溫度也不同。大多數細菌在超過100℃就會被殺死，低於0℃就會停止活動，雖然未被殺死，但會停止繁殖。

4. 酸度：微生物的最佳生長環境pH值為7.0，是酸鹼值不高也不低的水平。酸度過高（pH值愈低）或鹼度過高（pH值愈高），大部分微生物都難以生長。

▲變壞的蘋果長出霉菌。

食物防腐有哪些方法？

　　微生物生長必須滿足水分、溫度等條件，而防腐則可反其道而行，切斷其中一個條件就可以了，有見及此，人們發明了各類食品保存法。

1. 乾燥： 把新鮮食物曬乾，製成乾燥食材便可長期保存，如臘肉、臘腸等。近代食物生產中的即食麵，也是通過乾燥方法把水分抽乾，達到防腐功效。

2. 醃漬和糖漬： 一般細菌在高鹽或高糖環境中難以生長，這是因為鹽和糖可通過滲透作用，使食物脫水。這樣的環境下，就如同切斷了水分，令微生物失去維生條件。

3. 低溫： 冰箱是家居常用的保鮮法。工業生產的凍肉更可存放數年不變壞。

4. 防腐劑： 常見的食品防腐劑包括山梨酸、苯甲酸。防腐劑是一群化學劑的總稱，它們分別有不同特性，能抑制微生物生長而達到防腐功效，在不同酸鹼值的環境下表現也有分別。

▲鹽可干擾微生物的生長，防止食物腐壞。

化學防腐劑有害健康？

　　不少商人為了延長食物的保質期，選擇在食物中投放大量化學防腐劑，令商品可供出售的時間加長。但是攝入過量化學防腐劑會對人體造成傷害，症狀輕微可引發過敏、嘔吐、心悸等不良反應，嚴重者可能致癌。因此，含有化學防腐劑的食品不可多吃，大家或可選購保鮮期較短的產品。

 遊戲

防腐的法寶

試圈出能防止食物腐壞的物質或用品：

自由配搭醃漬物

　　醃漬是防腐的好方法，例如酸菜、水果乾、青瓜等，都是常見的醃漬食材，大家又會選擇醃漬甚麼食材呢？試在玻璃樽內畫下自己喜愛的醃漬物吧！

發酵的
科學魔法

　　發酵是生活中常見的技術，在製作茶、麵包、酒，以及化學工業中都會用到。疫情期間，台灣還有研究發現發酵茶可以抑制新冠病毒增生呢！為甚麼發酵會有這麼大的作用？原來是借助了微生物的「呼吸」。

陽光劇場：發酵的功能

新石器時代的人

古時的人

葡萄酒莊的人

科學家巴士德

1　九千年前的新石器時代，人們已經發現水果可以釀製成酒，這是人類發現最原始的發酵。

2　發酵發生是因為成熟的水果皮上有酵母菌，這些微生物可以把糖分轉化為酒精。

3　從前的人以為發酵是自然形成的，並不知道微生物在發酵過程起了重要作用。

發酵是常用的食品生產工序，過程中微生物會吸收食物中的糖分，然後釋放出各種有用的物質，例如紅酒的酒精、為蔬菜防腐的乳酸等。究竟在甚麼時候開始，人們才懂得利用發酵反應生產食品呢？一切要由一杯酒說起。

④ 法國科學家巴士德是十九世紀著名的化學家，當時葡萄酒莊向巴士德請教，有甚麼方法防止葡萄酒隨時間變酸。

⑤ 巴士德進行大量實驗，發現發酵是因為微生物（酵母菌）的增長造成的，酒變酸和發酵的過程類似，不過則由其他微生物引起。

⑥ 巴士德讓人們知道，微生物是發酵過程的重要媒介。隨後他又發明把食品低溫消毒的巴士德消毒法，讓人們在保存食物技術上有了很大進步。

知識站

甚麼是發酵？

發酵（Fermentation）是微生物在有氧氣或無氧氣的環境下，分解糖分等有機物、產生能量的過程。例如釀酒的酵母菌能在無氧氣的環境中，攝入水果中的果糖，進行發酵，並釋放出酒精和二氧化碳，這個過程與生物的呼吸非常相似。然而，酵母菌可以選擇不使用氧氣進行活動，也可以選擇使用氧氣進行活動，可以隨環境變換。常見可用於發酵的微生物包括酵母菌、乳酸菌、醋酸菌等，它們生產的產物各有不同。

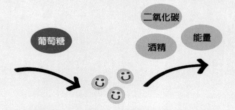

▲釀酒的酵母菌在無氧環境下進行的「呼吸」。

知識站

茶葉、咖啡的發酵風味

茶葉和咖啡的發酵過程會大大影響風味。當茶葉經過處理後，經長時間存放，環境中的微生物可讓茶葉發酵，過程中會產生「烏龍茶質」、「茶黃質」或「茶紅質」等茶味物質，其中「茶黃質」帶有鮮味與甜味，「茶紅質」則帶來酸味。至於咖啡的發酵工序中，乳酸桿菌、酵母菌等微生物也大大發揮作用，影響咖啡的甜味，並會為咖啡帶來可可豆及水果等不同風味。

抗生素的發酵生產

醫療中常用的抗生素主要製造方法為發酵，過程中利用了特定品種的真菌，它們能產生殺菌的化學物質，例如生產青黴素的青黴菌，經提煉後便能製成殺菌、抑制其他細菌增生的抗生素。

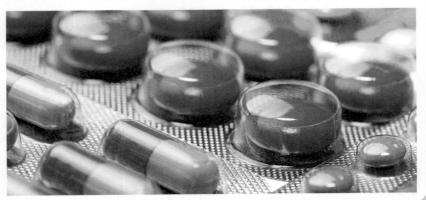

發酵與發黴的區別

有些人認為發酵等同於發黴，因為兩者都是依靠微生物完成的。其實兩者有本質上的區別，發酵通常需要在無氧氣環境下發生，而且要嚴格控制溫度，這樣才能抑制壞菌生長，保障長出的都是益菌。相反，食物發黴則是因為在過熱或潮濕的空氣中保存不當，令各種細菌滋生，例如食物中出現黑色的斑點，這些就是發黴的症狀。

發酵的條件

試選出發酵時，微生物所需的良好生長條件：

潮濕環境　　　　寒冷環境　　　　溫暖環境　　　　乾燥環境

體驗麵包發酵

麵包在製作過程中會經歷兩次發酵，齊來動手做麵包，體驗發酵的威力吧！

材料：

高筋麵粉	300 克
牛奶	200 毫升
酵母	3 克
鹽	3 克

用具：
1 個大碗 / 鋼盆
1 隻湯匙
1 張保鮮紙 /1 條毛巾

做法：

1. 將所有材料倒進大碗內。
2. 用湯匙攪拌材料，攪拌後再稍為整壓一下麵糰。
3. 在碗上蓋上保鮮紙，放在室溫發酵，等麵糰膨脹至兩倍大。
   （視乎氣溫和濕度，夏天需時較短，冬天需時較長）
4. 之後再放入雪櫃三小時。
5. 從雪櫃取出麵糰，在麵糰表面撒上少許麵粉。
6. 將麵糰分成六份，再搓成圓形。
7. 將麵糰放入沒開電源的焗爐內做第二次發酵成兩倍大。
8. 約 45 分鐘後取出麵糰，將焗爐用 200℃ 預熱 15 分鐘。
9. 預熱完成後，將麵糰放入焗爐用 200℃ 焗 15 分鐘。
10. 焗好後從焗爐取出麵包，放涼後即可食用。

二氧化碳與食品生產

　　二氧化碳不但對自然界很重要，對食品工業也非常重要，例如汽水廠、負責肉類生產的屠房，都需要大量二氧化碳。近年國際間就有生產食品級的二氧化碳廠房因故停工，差點令整個歐洲的汽水，以至肉類等食品生產大缺貨呢！

陽光劇場：

假如二氧化碳廠停工

植物

王子

經營肥料廠的商人

屠房負責人

① 二氧化碳是空氣中重要成分之一，約佔0.04%，雖然佔的比例小，但卻維持了很多生物活動。

② 生物懂得自己進行化學作用，處理二氧化碳，例如植物懂得通過光合作用，吸收二氧化碳。但如果要通過人為生產二氧化碳，要如何做？

③ 全球肥料產量中，有超過六成是以氨氣（阿摩尼亞）為原料的化學肥料，生產化學肥料時，同時會製造大量食品用的二氧化碳。

你知道嗎？二氧化碳除了維持生物生存所需外，在日常食品生產也起了很大作用。生產大量二氧化碳需要專門的工廠，近年英國就曾發生有二氧化碳廠停工，影響一連串食品供應的問題。

4 二氧化碳的用途很廣泛，例如用於屠房運作的麻醉氣體、製造汽水等。

5 近年英國有兩間生產二氧化碳的工廠停工，原因是生產所需的天然氣價格急升，以致無法營運。

6 停工的兩間工廠佔了英國六成糧食用的二氧化碳生產量，生產短缺對英國食品業造成很大影響，假如氣體庫存用光，將出現新鮮食品短缺危機。

知識站

二氧化碳在食品生產中有哪些常見用途？

· 汽水和含碳酸飲料：在汽水中打入高壓的二氧化碳，二氧化碳便會在水中溶解，形成碳酸，因此汽水有微酸的味道。將二氧化碳加壓打入飲品中，便可製成汽水。

· 包裝肉類等新鮮食品：由於二氧化碳有防菌作用，因此食品包裝商會在新鮮食品包裝加入適量二氧化碳，延長保質期。

· 溫室：二氧化碳量對種植非常重要，溫室中設有監控二氧化碳的機器，讓溫室中二氧化碳量維持較高的水平，促進植物的生長。

· 屠房：現代化的屠場會先迷暈牲口再宰殺，以減少牠們痛苦，所以屠房需要大量二氧化碳。

知識站

如何防止汽水打開後亂濺？

大家有試過打開汽水瓶蓋後，汽水噴出亂濺嗎？這其實與溶解在汽水的二氧化碳有關。汽水是通過加壓方式將二氧化碳溶解在水中的飲品。打開瓶蓋時，溶解的二氧化碳會轉換成氣泡，離開水中，所以打開瓶蓋時會有「噗」的一聲。如果搖晃汽水，大量氣泡就會在水面形成，打開瓶蓋時，與氣泡結合的水便會隨氣體噴發出來。要防止噴發很簡單，先輕輕敲打瓶身，令依附在瓶身內壁的氣泡浮到水面，這時打開瓶蓋，集中在頂部的氣體會搶先釋放出來，裏面的水便不會湧出。

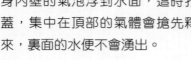

薯片裏有二氧化碳嗎？

二氧化碳在保存食品上有很大作用，那麼「脹卜卜」的薯片袋子裏面，充的是二氧化碳嗎？不，其實薯片包裝裏用的是氮氣。薯片袋用氮氣填充的主要原因，是因為氮氣價錢比二氧化碳便宜，同時二氧化碳會稍微改變薯片的味道，所以氮氣更適合用作包裝薯片。

二氧化碳影響蔬果營養？

植物雖然需要吸收二氧化碳來產生養分，但原來過多的二氧化碳反而會影響農作物的營養價值。有實驗數據表示，把農作物培植在高濃度的二氧化碳中，會使內含的蛋白質、鋅和維他命B等的成分濃度降低，因為植物無法從泥土中吸收養分，也就不能在體內合成營養，令營養價值大打折扣。

含二氧化碳的食物

試圈出含有二氧化碳的食物：

薄餅

蒸餾水

薯片

雞蛋

啤酒

汽水

二氧化碳的其他用途

下圖為二氧化碳的其他用途，試將圖片連上相應的文字：

a

b

c

滅火器

去除身上的痣

核工業的冷卻劑

Notes:

第五章

看不見的
微生物

第五章 看不見的微生物

目　次

病毒製成的疫苗

　　新冠肺炎疫苗在全球大規模接種，但大家知道許多的疫苗主要是以死去或已弱化的病毒製成嗎？知道這個真相大家可能會很害怕吧！從前的人也很害怕注射疫苗，但這種治療方式卻拯救了很多人的生命。

陽光劇場：
疫苗的誕生

金納醫生　　　　國王

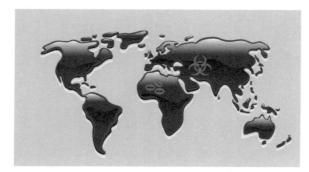

1　從前，有一種名為「天花」的病毒，曾肆虐全球。在十八世紀英國，有三分一兒童因染上天花而死亡。

2　天花患者會出現紅疹、發燒，死亡率非常高，人們都十分害怕它，但卻無能為力。

3　金納醫生從擠牛奶的女工身上發現，只要手臂劃出小傷口，感染輕微的牛痘後，就會對牛痘免疫。

疫苗是以死去或已弱化的病毒製成，正因如此，上世紀的人都很懼怕這種治療方式，生怕身體出現奇怪反應。發明疫苗的金納醫生，一開始也面對很多群眾的壓力，經過一番努力才令人們接受疫苗，最終戰勝肆虐全球的天花病毒。

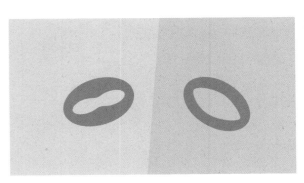

4 因為牛痘是天花病毒的近親，所以接種牛痘，也會對天花免疫。

5 金納醫生在兒子身上做疫苗實驗，雖然成功，卻備受批評；也有人以為接種過牛痘疫苗，身體會長出牛角、牛毛。

6 金納醫生在科學辯論會發表研究，得到英國國王的認可和重視，隔年更為皇家海軍全面接種牛痘。

知識站

疫苗——疾病的通緝令

疫苗為甚麼能夠抵禦病毒呢？在人體免疫系統中，有一種叫白血球細胞的守門員，可以殺滅病毒，因此人類不受入侵的病毒感染。但白血球並不是萬能的，如果見到新變種、從未見過的病毒，白血球就認不出病毒了。疫苗就像一張貼在身體內的通緝令一樣，注射了疫苗，體內的細胞就會下令通緝病毒這個大壞蛋，白血球就可以認出並殺滅病毒。

知識站

疫苗如何生產？

疫苗是用死去或弱化了的活病毒製成：「滅活疫苗」是用已被殺死的病毒製成，而「減活疫苗」則是由仍然活着、但已被減弱的病毒製成。它們的毒性很微弱，因此不足以致病。然而，疫苗仍有機會引起發燒，甚至過敏等致命副作用，因此疫苗生產必須十分嚴謹。時至今日，疫苗開發在全球都有非常嚴謹的安全性評估。

疫苗開發過程：1.在動物身上進行首次測試；2.對少數較低風險的人注射疫苗；3.對更多人——不同年齡、種族、性別的人進行評估；4.進行數千人以上的測試；5.取得當地藥品管理局的認可，正式上市發售。

打針減痛小妙招

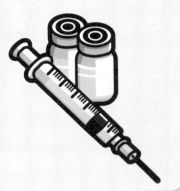

外國曾有研究表示，注射時短暫憋氣或咳嗽可減低痛感，而本港醫生則建議注射時呼氣來令肌肉放鬆，因放鬆後的肌肉對於痛覺沒有那麼敏感，能有效降低痛楚感。另外，心情過於緊張也會導致肌肉繃緊，嚴重時更可能出現暈針情況，所以降低痛楚的最佳方法是放鬆身心和分散注意力。

疫苗注射知識

接種疫苗也有一定講究，不同的注射位置對疫苗成效有很大影響。通常醫生會將疫苗注射於手的上臂，因為這裏脂肪較少，血管較多，能令白血球更快地接觸到疫苗內的抗原，並產生疫苗反應。此外，上臂擁有較少神經綫，痛楚感較輕，所以大部分疫苗都選擇注射於手的上臂。

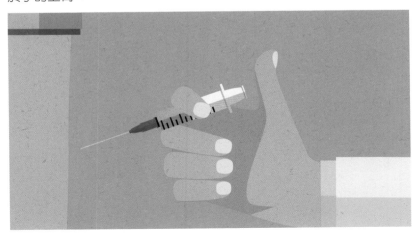

 遊戲

曾接種的疫苗

香港兒童普遍都按照「香港兒童免疫接種計畫」接種不同疫苗，試從以下選項圈出你曾接種的疫苗：

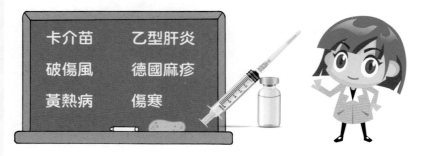

卡介苗　　乙型肝炎
破傷風　　德國麻疹
黃熱病　　傷寒

疫苗注射的接種部位

試圈出疫苗注射的接種部位：

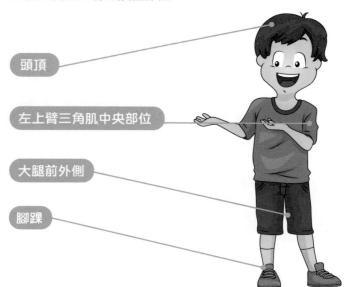

頭頂

左上臂三角肌中央部位

大腿前外側

腳踝

消毒的科學

　　疫情之下，我們每天都要經常消毒雙手及個人物品，許多人以為只要用酒精擦拭雙手就一了百了，但其實這並不徹底。除了酒精外，我們還經常用到肥皂、漂白水等清潔消毒用品，你知道哪種消毒方法最好嗎？

陽光劇場：

消毒良法的誕生

二十世紀前
的醫生

李斯特醫生

現代的醫生

> 我是外科醫生，進行手術前從不洗手。

① 在二十世紀之前，醫學界對傳染病仍沒有正確知識，進行手術前並不會消毒雙手及工具。

> 手術的死亡率太高了，我決意要改變現況。

② 將消毒方法發揚光大的，是英國的李斯特醫生。

> 手術器具要高溫消毒，手術前醫生護士必須洗手。

③ 1865年，李斯特醫生先進行消毒程序才為一名斷腿病人進行手術，並且取得成功。

我們日常生活中會勤用漂白水清潔、肥皂洗手，預防傳染病。但原來兩百年前的人並沒有消毒的觀念，甚至連進行手術的手術室都比廁板還要骯髒！有了前人的經驗，我們今日才擁有各種消毒的良方。

石炭酸對人體有腐蝕的作用，而且毒性頗大。

4　李斯特醫生當時使用的消毒劑是石炭酸，雖然有功效，但不是理想的消毒劑。

因此醫院裏常充斥着漂白水的氣味。

5　現代消毒一般使用75%酒精，亦會使用甲醛、氨水、漂白水、碘液等來清洗器具。

6　除了消毒劑外，簡單的沸水浸洗、蒸煮，使用紫外光照射，亦是可行的消毒方法。

知識站

「消毒」和「殺菌」有甚麼分別？

• 消毒（Disinfection）是指「大幅度消滅微生物」，使致病細菌數目減少至安全水平；但部分細菌孢子、過濾性病毒、結核桿菌及真菌等都可能沒有消滅。日常生活中，我們常常使用消毒劑，例如用作清潔地板、餐具，打針前消毒皮膚等。

• 殺菌（Sterilization）是指完全消滅病原體，把物體表面的微生物完全去除，例如用160℃的熱空氣連續兩小時進行滅菌、利用漂白劑浸泡超過二十分鐘，這樣微生物才能接近全滅。殺菌流程可用於清潔手術刀、食品生產器具等。

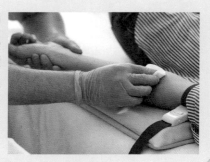

知識站

酒精是萬能嗎？

新冠疫情期間，人們常以酒精消毒雙手，這是萬能的消毒法嗎？酒精並不是萬能。雖然使用75%酒精能殺死很多種類的病毒，但只包括有病毒包膜的病毒，例如流感病毒、新冠病毒；而沒有病毒包膜的病毒，酒精就不能殺死了，例如引起腸胃炎的諾如病毒和輪狀病毒、小兒麻痺病毒等。相比之下，使用肥皂清潔雙手至少二十秒，比只用酒精，可以更有效地去除有病毒包膜和沒有病毒包膜的兩種病毒。

肥皂和漂白水為甚麼能消毒？

· **肥皂**：嚴格來說，肥皂其實並不像消毒劑，肥皂自身完全沒有任何殺菌效果，但卻有非常有效的清潔效果。肥皂的強大之處，在於它分解、滲入油脂的效果。病毒、細菌很多時候依附在我們手上的油脂、飛沫，肥皂可以有效地把這些骯髒的油脂，連同病菌一併用水沖走，達到清潔的作用。

· **漂白水**：漂白水是廉宜、功效快速的消毒劑，當中的次氯酸鈉能使微生物的蛋白質變質，能有效殺滅細菌、真菌及病毒，缺點是會刺激呼吸道黏膜、皮膚，同時長期暴露在空氣，遇上熱和光會分解，失去功效之餘亦容易與其他物質產生化學反應。

消毒新選擇

近年疫情嚴峻，消毒產品需求大增，日常生活最常見的就是酒精消毒液，原理是通過75%濃度以上的酒精來殺菌，但長期使用高濃

度酒精，皮膚會變得乾燥及可能出現乾裂或脫皮等情況。因此，市面上出現了無酒精消毒液，原理是通過病毒離子正負極的特性，來吸附並破壞病毒細胞的活性，從而達到消毒功效，同時不會令皮膚乾燥，不失為防疫的新選擇。

找出課室的病毒細菌

試找出躲藏在陽光校園課室內的病毒和細菌：

消毒用品

試從圖中圈出有效消毒的用品：

香口膠裏的細菌動物園

　　被人咀嚼完吐在路邊的香口膠，原來竟是細菌的溫牀。2021 年搞笑諾貝爾生態學獎的得獎者曾認真進行了研究，發現街邊一顆香口膠，竟然有四至五百種細菌「居民」！「物種」多樣程度堪比「動物園」呢！

陽光劇場：
路邊的細菌樂園

王子

研究人員

1　細菌種類繁多，它們所適應的環境、外形也有不同，單是以外形分類，就可以分為球菌、桿菌、螺旋菌。

2　搞笑諾貝爾獎生態學獎的得獎者發表研究報告，發現路上的香口膠其實是豐富的「細菌動物園」，一塊香口膠上，同時居住了四至五百種細菌。

3　人從口裏吐出的香口膠，其實還殘存着足以養活細菌的養分，例如蔗糖、甘露醇、山梨糖醇、代糖阿斯巴甜。因此，細菌才可以在此生長。

在街上吐出香口膠固然缺德，不僅影響市容，還會導致細菌傳播。奪得 2021 年搞笑諾貝爾獎的西班牙研究團隊，就特別研究了街上的香口膠，並展開基因排序，發現香口膠「山」上，竟然有着特別的生態環境。

④ 研究人員發現，路邊香口膠上不少細菌是來自環境的細菌，而非人們口腔殘留的細菌。

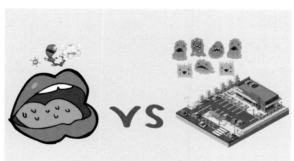

⑤ 口腔細菌第一個月裏還能維持數量上的優勢，但之後環境細菌的數量開始上升。第三個月起，環境細菌數量開始超越口腔細菌。

⑥ 由於街道日夜溫差大，以及香口膠上缺乏口水滋潤，因此口腔細菌逐漸無法生存，逐漸被生存能力較高的環境細菌取代。

知識站

香口膠內有哪些成分？

　　香口膠的基底為橡膠、樹脂，是帶來咀嚼口感的關鍵原料。此外，為了帶來甜味，香口膠傳統上會加入蔗糖、葡萄糖、麥芽糖等。市面上販售的無糖香口膠具備防止蛀牙的功能，是因為使用了木糖醇（Xylitol）等糖醇類甜味劑。由於糖醇類甜味劑無法成為細菌的養分，因此無糖香口膠就有了「切斷細菌糧食來源」的效果，但若人體吸收太多糖醇類甜味劑，可導致消化不良、腹瀉等問題。

知識站

微生物五大類

　　日常環境中有很多不同種類的微生物，它們有些有益，有些有害。

・細菌：微小的細菌是生物鏈的主要族群，它們進行的分解作用對維持生態非常重要。雖然一般人會覺得細菌都有害，但其實有八成細菌對人體無害。

・真菌：真菌有別於動物和植物，獨立分類為菌物。它們會以菌絲的形態生長，菇類、霉菌、食品工業用的酵母等都是真菌的例子。

・藻類：藻類在水面或海邊的石頭很常見，部分可供食用或製成大菜、菜膠等。如果海藻在水面大量繁殖，就會造成生態災難。

・原生動物：原生動物是單細胞的生物，是自然界最簡單的生物，能獨立生活，例子包括阿米巴變形蟲、草履蟲。

・病毒：病毒是只能依附在其他細胞上的病原體，嚴格來說，它並沒有生物的特徵，只是依附在其他細胞的一串核酸分子。

細菌外觀大不同

　　細菌是種類豐富的微生物，如果放在顯微鏡上觀察，你會發現它們有不同外形。

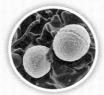

　　‧**球菌**：球菌的外形就如球體，包括肺炎鏈球菌、葡萄球菌，其中葡萄球菌是引致不少疾病的元兇，例如食物中毒、腦膜炎、呼吸道感染等。

　　‧**桿菌**：桿菌的外形像一根柱子，在各類菌種中最常見，其中一種最著名的桿菌是大腸桿菌，它們寄生在人類腸道裏。

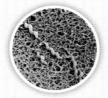

　　‧**螺旋菌**：螺旋菌的外形像一條旋轉的桿，如果螺旋不滿一圈，則被稱為「弧菌」。螺旋菌的例子包括引起潰瘍的幽門螺旋菌。

不要對細菌趕盡殺絕

　　自然界有些細菌特別頑強，即使是消毒劑，也無法殺死100%的細菌。正因如此，市面上的消毒產品包裝標榜只能夠殺死99.9%的細菌。由於消毒用品實質上無法完全殺死細菌，不少科學家擔憂過量使用消毒產品，反而會導致細菌適應能力愈來愈強，造成「超級惡菌」出現；因此，醫學界也有人提倡不依賴消毒用品，只要勤用清水洗手，同時保持個人清潔，就是避免超級惡菌出現的最佳方法。

遊戲

王子的香口膠

王子將咀嚼過的香口膠隨處吐到地上,影響環境衞生,大家能幫忙找出那片香口膠嗎?

細菌引發的疾病

細菌也是很多疾病的病原體,以下哪些疾病由細菌引發?

砂眼

鼠疫

登革熱

水痘

肺結核

禽流感

Notes:

答案

第一章：生活應用

P.18

誰享受到涼風？：**葉趣趣**

逃離無葉風扇：

P.24

可計時的物件：**日晷、水、蠟燭**

誰是遲到大王？：**寶珠公主**

P.30

單車在哪裏？：

速率計算：

2.5（公里）÷（11/60）（小時）

= 13.6公里/小時

P.36

到森林撿柴枝：

電力小偵探：

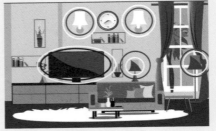

P.42

QR code 星球生物找不同：

搜尋複製生物：

P. 48

SIM卡在哪兒？：

4G還是5G？：4G

P. 54

誰是合金？：玫瑰金、白銅
合金製品：鍋、法國號、門鎖

P. 60

空中的熱氣球：

熱氣球的道德難題：扔最重那個。

P. 66

真正顏色：（由左至右）
綠、黃、紅、紫、白

煙花的顏色：a. 鈉離子
　　　　　　b. 銅離子
　　　　　　c. 鈣離子
　　　　　　d. 鉀離子

第二章：人體奧秘

P. 76

誰是夜貓族？：王子

（王子和章卜卜二人的話有矛盾，即是當中一人說了假話。

假設章卜卜說假話，那麼王子和莎因斯說真話，但葉趣趣就變成了同樣說假話，因此不符合「只有一人說假話」的條件，所以答案是王子說假話，其餘三人都說真話。）

應對時差：a、c

P. 82

血液的顏色：紅、綠、藍
子女的血型：a. A型、B型、AB型
　　　　　　b. O型

P. 88

酸味的食物：青檸、橙、醋
味覺連連看：雲呢拿雪糕→甜、檸檬→酸、黑咖啡→苦、烤雞→鹹、味精→鮮

P. 94

誰是香薰的主人？：花碌碌

天然香氣：雪松、玫瑰

P.100

尋找雙胞胎妹妹：

同卵雙胞胎動物：**豬、狗**

P.106

撈出死去的魚：

器官捐贈：**肝臟、心臟、肺部、腎臟**

第三章：地球科學

P.116

避寒路綫：**D**

P.122

有冰川的國家：
冰島、紐西蘭、加拿大

自製保冷水樽：**毛巾**

P.128

有磁力的物件：**鐵、鎳、鈷**

第四章：食品科學

P.138

烤焦了的餅乾：

較易致癌的燒烤食物：**燒肉、豬肉乾**

P.144

防腐的法寶：**雪櫃、食鹽、白糖**

P.150

發酵的條件：**潮濕環境、溫暖環境**

P.156

含二氧化碳的食物：**啤酒、汽水**

二氧化碳的其他用途：
a. 核工業的冷卻劑
b. 滅火器
c. 去除身上的痣

第五章：看不見的微生物

P.166

曾接種的疫苗（參考）：

卡介苗、破傷風、乙型肝炎、德國麻疹

疫苗注射的接種部位：

左上臂三角肌中央部位、大腿前外側

P.172

找出課室的病毒細菌：

消毒用品：**陽光、肥皂液、漂白水**

P.178

王子的香口膠：

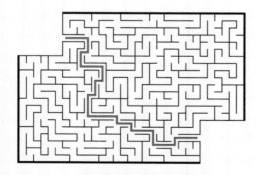

細菌引發的疾病：**砂眼、鼠疫、肺結核**

書　　　　名：小學生必備的100個科學知識
系　　　　列：好學生自修系列
編　　　著：星島教育
內 容 統 籌：黃鳳韻
內 容 撰 寫：黃文傑、周倩儀、盧家彥、梁佩施
編　　　輯：黃鳳韻、陳惠芬、馮家慧
版 面 設 計：阿倫
出　　　版：星島出版有限公司
　　　　　　香港新界將軍澳工業邨駿昌街7號
營 運 總 監：梁子文
出 版 經 理：倪凱華
電　　　話：(852) 2798 2579
電　　　郵：publication@singtao.com
網　　　址：www.singtaobooks.com
Facebook：www.facebook.com/singtaobooks
發　　　行：泛華發行代理有限公司
電　　　郵：gccd@singtaonewscorp.com
網　　　址：www.gccd.com.hk
Facebook：www.facebook.com/gccd.com.hk
出 版 日 期：二零二三年一月初版
定　　　價：港幣九十八元正
國 際 書 號：978-962-348-526-5
承　　　印：嘉昱有限公司

星島出版